最短10時間で9割とれる
センター古文の
スゴ技

渡辺 剛啓
Takehiro Watanabe

はじめに

誰でも使いこなせるから「スゴ技」なんだ！

この本は、「センター古文」という一般の入試とは違うスタイルの試験対策に苦しんでいる受験生のみんなの力になりたい！という気持ちを、そのまま本にしたものです。

0時間目で詳しく紹介しますが、「**『センター古文』は『東大古文』よりも強敵だ！**」と断言できます。実際、一般入試の問題はまあまあできるのに、センター試験になると壊滅的にできなくなる受験生をたくさん見てきました。センターで最もヤッカイな「**時間配分**」を何とかする方法はないものかと試行錯誤する毎日。でも、安易にテクニックに走り過ぎると、今度はその「受験テクニック」を山ほど覚えるのにひと苦労です。テクニックって覚えるだけじゃ意味がない、自分で使いこなせるようにならないと意味がないんですね。

だから、この本を書くにあたって僕が一番気をつけたことは、①とっつきにくい「古文」という科目を「**やわらかく**」語る、②受験生の負担になるほどヘンテコな**技を乱発しない**、そして何より、**③誰にでも使いこなせる技**であることです。

じつはこれって、試験対策の「**正攻法**」なんですね。「センター古文を何とかしなくては！」と思ってこの本を手に取ってくれた人の中には、「スゴ技」というタイトルを見て、「ズルして点を取る受験テクニック集」だと思っていた人もいるんじゃないかな（笑）。

でも、10時間目を読み終えるまでに、みんな気づくと思う。この本に書かれていることは、**要領よく解き方がうまい受験生の発想をわかりやすくメソッド化した「正攻法」の勉強法**なんだ。だから、**どんな受験生でも必ず使いこなせる**。

この本を読み終えたキミは、「**『スゴ技』という『正攻法の解き方』を真正面から学んだ受験生**」なんだ。その力を本番で生かすも殺すも自分次第。「単語」や「文法」などの知識補強をやっておけば、知識と解法をマジメに勉強したキミにとって、**センター古文なんか全然怖くない**試験だ。毎年、「スゴ技」を授業で学んだ受験生から高得点の報告が届きます。この本を読んでくれたキミも、本番で目標点を取れるよう祈っています。

この本を世に出すにあたり、KADOKAWAの佐藤良裕さん、相澤尋さんには本当にお世話になりました。また、駿台予備学校化学科の犬塚壮志先生には執筆のきっかけをいただきました。この場を借りて深甚の謝意を表します。

渡辺　剛啓

目次

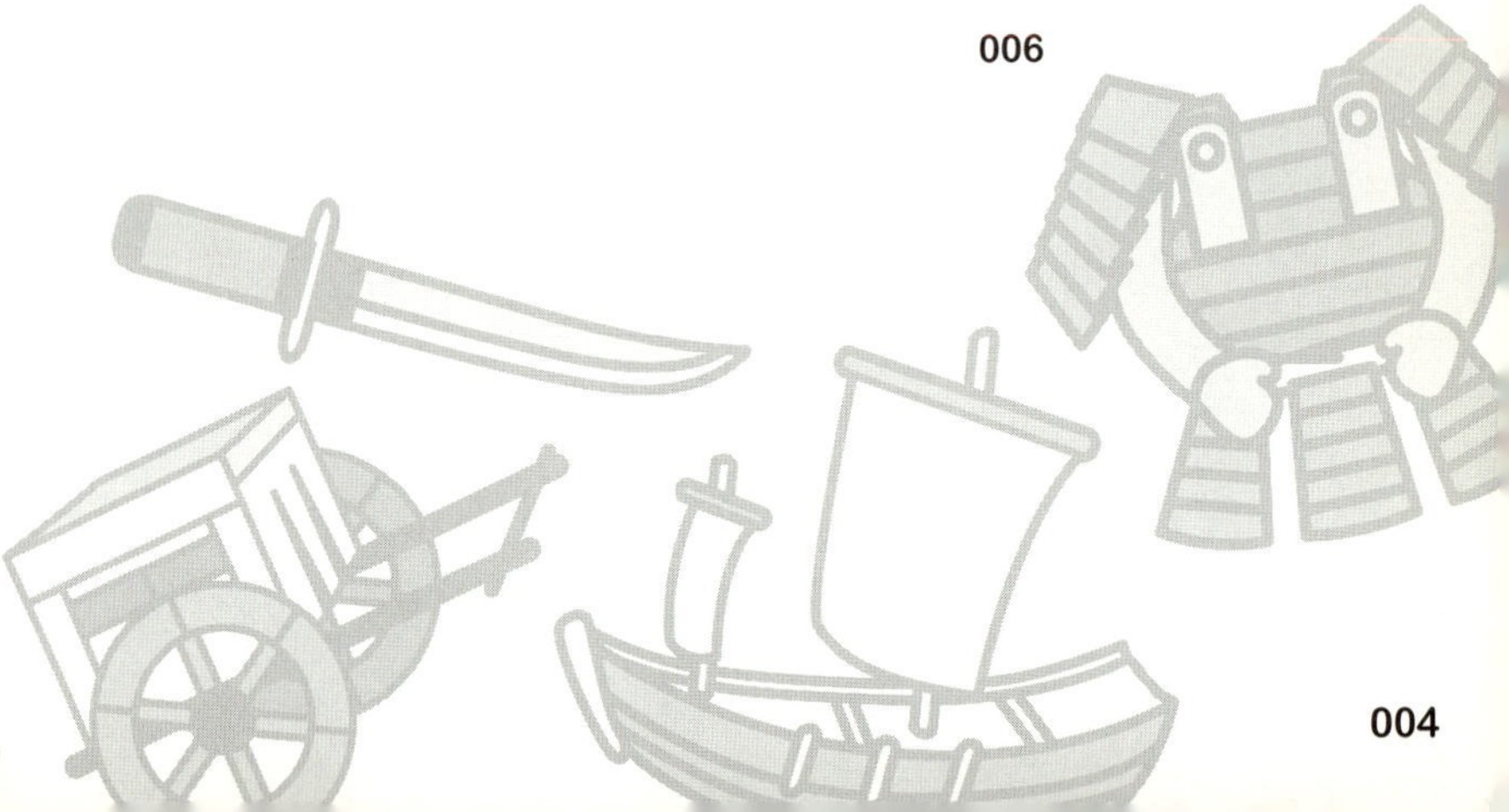

0 時間目

「センター古文」は「東大古文」よりも強敵だ！

「センター古文」ってホントにカンタンなの？

突然だけど、キミの通っている学校や予備校でこんなことを先生に言われたことはないだろうか？

「センター試験は教科書レベルですからね…」

「センターレベルくらい解けなきゃ話にならないよ」

それを聞いた受験生は当然思うわけです。

「うんそうか！　じゃあセンター試験というのは簡単なんだな」

「センターより、私大の対策やらなきゃ」

「二次試験対策のほうが大事」

そう思って、センターの古文を解いてみると…、あれ？　おいおい意外に難しいぞ。採点したら50点満点中20点。いや、ひどいときだと10点くらい。

こんな経験はなかったでしょうか？

「教科書レベル」＝「易しい」ではない！

これ、じつは教える側にも問題があるんですね。高校の先生、親、受験のことをあまり知らない大人が、**「センターは簡単だ」という間違った情報**を流してしまい、いつの間にかみんなセンターを甘く見ている。

おいおい、じゃあ学校で言われる「センター＝教科書レベル」ってウソだったのか⁉

いやいやウソじゃありません。たしかに高校の指導要領から逸脱したものは出題されていない。でもだからと言って、**「教科書レベル」＝「簡単」「易しい」を意味するわけじゃない**。キミたちはそこを勘違いしちゃダメなんだ。**十分注意して、難関大を目指すときと同じように入念に対策を立てないと良い点がとれないんだ。**

この本を手に取ってくれた人は、きっとセンター古文に漠然《ばくぜん》とした危機感をもって読んでくれていると思います。じゃ、そのなんとなく、漠然と感じる「難しさ」をちゃんとした数字で実証してみよう。

入試	2015年度 出典	2015年度 本文字数	2014年度 本文字数	国語の 制限時間
東大 （文理共通）	夜の寝覚《ねざめ》	約750字	約1000字	文系150分 理系100分
早稲田（文）	実家卿集《さねいえきょうしゅう》・ 俊頼髄脳《としよりずいのう》	約720字	約950字	90分
早稲田（教育）	とはずがたり	約1400字	約1700字	90分
早稲田 （政治経済）	釣舟	約2020字	約1750字	90分
早稲田（商）	松浦宮物語	約900字	約1100字	60分
早稲田 （国際教養）	飛鳥《あすか》井《ゐ》雅有《まさあり》日記	約1100字	約1260字	60分
センター試験 （本試）	**夢の通ひ路物語**	**約1200字**	**約1200字**	80分

※設問文・選択肢を入れると、**4000字超!!**

どうですか？「読む」という作業において、**早稲田・東大を超える負担**を強いられることになるわけです。

「東大みたいに記述じゃなくて、マーク（選択式）なんだからなんとかなるでしょ」そう思っている人もいるかもしれません。**甘いっ！** 記述は部分点がとれますが、マークは間違えたら0点。しかもセンター国語の配点は一つが7点、8点なんてザラにある。**二つ三つ間違えてしまったら、すぐに20点は吹っ飛んでしまいます。**

センター古文の選択肢がどんなものだか、ちょっと見てみましょう。

2015年度の本試験の問4です。

問　本文中の手紙A（男君の手紙）、手紙B（女君の手紙）の内容の説明として最も適当なものを、次の①〜⑤のうちから一つ選べ。

① 男君は、私が生きる甲斐《かい》もなく死んだら悲しんでほしいと思うが、迷い出そうな魂もあなたのことを考えるとこの身にとどまって死にきれない、と言っている。それに対して、女君は、あなたと離れてしまったことが苦しく、あなたに遅れず私もこの嘆きとともに消えてしまいたい、と応えている。

② 男君は、あなたに逢えずに死んだらせめて心を痛めることだけでもしてほしいが、死にきれないので私を受け入れてはくれないものか、と言っている。それに対して、女君は、もはやあなたを愛することはできないが、前世からの因縁と思えばつらく、一緒に死んでしまいたい、と応えている。

③ 男君は、私は逢瀬《おうせ》の期待もむなしく死ぬだろうが、それまでに魂がこの身から離れてあなたのもとにさまよい出たときは引き留めてほしい、と言っている。それに対して、女君は、心ならずも離ればなれになってしまったことが悲しく、あなたが死んだら私も死に遅れはしない、と応えている。

④ 男君は、あなたを恨みながら死ぬだろうが、そのときには魂を引き留めて、誰のせいでこうなったのか悩んでほしい、と言っている。それに対して、女君は、意に反してあなたと距離ができてしまったことが情けなく、あなたが死んだら私も遅れずに死ぬから待っていてほしい、と応えている。

⑤ 男君は、私がこのまま死んだら、私のことを思って空を眺めてほしい、そうすれば魂はあなたのもとに行くので、そばに置いてほしい、と言っている。それに対して、女君は、今逢えないことでさえもどかしく、あなたが死んだら魂の訪れなど待たずに私も消えてしまいたい、と応えている。

そう、じつはここが、僕が思うセンター古文最大のポイント。**とにかく選択肢が長い！**
私大入試の倍近くあるのです。

さきほどセンター古文の本文は、東大や早稲田よりも長いことを示しましたが、本当に怖いのはそれだけじゃないんだ。設問の選択肢まで含めると、処理する情報量が膨大。つまり、

①東大・早稲田の入試問題を超える長文を時間内に読む。
②まぎらわしくて長い選択肢の中から正解を導く。
③解答欄に正しくマークする。

これがキミたち受験生に課せられたミッションなんです。

もちろん東大には東大の難しさが、早稲田をはじめとする私大には独特の難しさがあります。でも、**時間制限という観点で考えると、センターは東大よりも早稲田よりも厳しい試験なんだ。**

選択肢の読み取り技術を徹底的に磨け！

ところが「時間配分が大事！」って話をすると、みんな速く読もうとするんです。
もちろん速く読めるに越したことはない。でもね、考えてほしい。これから毎日古文の勉

強だけやって、「古文の神様」みたいになったとして、10分かかったものが2分で読めるようになると思う？　読むスピードが4倍5倍に上がるなんて、ちょっと難しいよね。

だいいち、英語だって数学だってその他いろいろな科目だって勉強しなきゃいけないのに、古文ばっかりやっていたら、それこそ落ちてしまうでしょう。

でも安心してください。**センターにはセンター特有の解き方がある。**それをこの本では余すところなく公開します。

センター古文に対して悩める受験生に、「**センターの選択肢への対応**」という観点に絞《しぼ》って、**見極めの技術**＝「**スゴ技**」を紹介していきたいと思います。

でも、勘違いしないでほしい。古文単語や文法を全然覚えなくてもいいんだ！って思わないこと。単語や文法はもちろん大切。知識はないよりあったほうがいい。そこで、本編に書ききれなかった単語・文法などの知識は、付録を充実させたので、是非《ぜひ》活用してください！

本書を効果的に使うために

この本を読む前に、センター古文を徹底解剖して、この本の何時間目と関係あるかを頭に入れておこう。

センター古文ってどんな問題？ ——本書との相関図

【時間】国語全体で80分（⬇古文にかけられるのは20分！）
【満点】50点
【設問数】（ほぼ毎年）問1〜問6まで

問1

「**語句解釈問題**」5点×3＝15点
傍線部を訳す。

↓ 4時間目 解き方

問2

「**文法識別問題**」5点
助動詞や助詞などの知識を答える。

or

「**敬意の方向問題**」5点
「誰から誰への敬意か」を答える。

↓ 1時間目 テクニック
2時間目 知識の習得

↓ 3時間目 解き方

問3〜問5
「**部分把握問題**」3問で22〜23点
傍線部の説明や心情、理由などを答える。
和歌の解釈などが出題されることもある。

↓

5時間目 全体の注意
6時間目 解き方
7時間目 和歌の対策

問6
「**全体把握問題**」7〜8点
本文全体の内容を答える。
表現や構成を問われることもある。

↓

8時間目 解き方
9時間目 特殊な問題

※ **過去問で実戦演習**

↓

10時間目 総仕上げ

本書の「スゴ技」とは、センター試験に無理なく無《む》駄《だ》なく臨めるように、**センター試験を徹底研究して生まれた攻略法**です。キミたちに課せられた最大のミッションは「**10時間の勉強で9割以上ゲット**」。センター対策って何をやればいいのかわからない人は、本書を「道しるべ」にしてください。がんばってついてきてね！

1時間目

「文法問題」は秒殺でさばけ！

そもそも「文法問題」ってなんだ？

センターでは例年、問2が文法問題として出題されるんだ。文法問題って何かというと、

文法問題とは

Ａ **識別**
- 複数の意味をもつ助動詞の、文中での意味を答えるもの
- 助動詞・助詞・用言の正しい文法的説明を答えるもの

Ｂ **敬意の方向**（**誰から、誰への敬意か**）

となるんだ。

Ａは、たとえば「む（ん）」の意味を推量・意志・勧誘・婉曲の中から見分けさせるものだったり、複数の傍線部の文法的説明（「断定の助動詞」「格助詞」「形容動詞の活用語尾」など）を選ばせるような総合的な問題だったりする。Ｂは、本文中の誰に対する敬意かを読み解く問題で、これについては3時間目に詳しく説明しよう。

Ａタイプの問題は、ほぼ形（＝「接続」の知識など）で解く問題であることが多いので、**本文の内容とはほとんど関係がない。Ａのタイプであれば、試験が始まったら真っ先に解いてしまうこと**だ。もちろん、読みながら解いても構わないのだが、**センターは最も時間配分が厳しい入試**なので、さっと解いてしまって読解に集中するのが賢いやり方だ。

ここで大事なことを一つ。過去問のデータを探ってみると、**わからない傍線部があっても解答を導けることが多い**んだ。逆に言うと、**すべての傍線部を解いてマークすることは、解かないでよい問題を解いてムダな時間を使っている**ということ。

文法問題でムダがある人とない人では、国語全体の点数に差が出ているよ。「解き方」をもっと研究することが大切なんだ。

では、過去問を一つ紹介しよう。といっても、本文を見ないで解いてほしい。２０１１年の本試験で実際に出題された問題だよ。

01 ミッション

次の問いに答えよ。

制限時間 0.5分

斬《き》られa給はん　知らねbども　力者《りきしゃ》どもに輿を舁《か》かせcて　ましませdば

問　波線部a～dの文法的説明の組合せとして正しいものを、次の①～⑤のうちから一つ選べ。

難易度 ★★☆☆☆

	a	b	c	d
①	受身の助動詞	打消の助動詞	使役の助動詞	動詞の活用語尾
②	自発の助動詞	完了の助動詞	尊敬の助動詞	使役の助動詞
③	尊敬の助動詞	完了の助動詞	動詞の活用語尾	尊敬の助動詞
④	受身の助動詞	打消の助動詞	動詞の活用語尾	使役の助動詞
⑤	尊敬の助動詞	打消の助動詞	使役の助動詞	動詞の活用語尾

切った選択肢は二度と振り返るな！

では、実際の試験会場で解く感覚でやってみよう。

aの「斬られ給はん」は、「れ」の直後に尊敬の補助動詞「給は」（「給ふ」の未然形）がある。このように下に尊敬語「給ふ」のくっついた「る」「らる」、つまり「〜れ給ふ」「〜られ給ふ」の形になった「れ」「られ」は尊敬にはならないというルールがある（センターで狙われる文法は2時間目で解説するので、後で見ておこう。とりあえず今は「解き方」だけ説明しますね）。よって、尊敬の③と⑤は消える。

	a	b	c	d
①	受身の助動詞	打消の助動詞	使役の助動詞	動詞の活用語尾
②	自発の助動詞	完了の助動詞	尊敬の助動詞	使役の助動詞
~~③~~	~~尊敬の助動詞~~	完了の助動詞	動詞の活用語尾	尊敬の助動詞
④	受身の助動詞	打消の助動詞	動詞の活用語尾	使役の助動詞
~~⑤~~	~~尊敬の助動詞~~	打消の助動詞	使役の助動詞	動詞の活用語尾

このとき、大切なことは

切った選択肢を二度と振り返らないこと！

時間のロスを避けるためにも必ず守ってほしい。
自信をもってサヨナラするためにも、きちんと根拠をもって選択肢を消す。

そして、**自信のある傍線部から解こう**。「これはどうかな、こっちだと思うけどちょっと保留にして…」とやっていたら時間がもったいない！　「**解くなら解く、後回しにするなら後回しにする**」、「**解いたら、問題用紙にバツを書き込む**」、こういう当たり前の手作業をちゃんとやっておこう。

スゴ技1

「根拠をもって切った選択肢」は二度と振り返るな。

ところで、この「れ」は尊敬の「る」ではないとわかったけど、「る」の意味はほかに、自発・可能・受身がある。それらのうちのどれだろうか。

選択肢に「可能」はないので、自発と受身の二択だね。ちょっと考えればわかるけど、「斬る」という動詞に「自発」はおかしい。自発は「自然と～される」などと訳し、「意識しないで自然と」行う動作、知覚動詞や心情表現につけるものだ（意識しないで人を「斬る」奴なんてアブナイ）。これで②の自発も消えた。

① a 受身の助動詞　b 打消の助動詞　c 使役の助動詞　d 動詞の活用語尾

~~② a 自発の助動詞~~　b 完了の助動詞　c 尊敬の助動詞　d 使役の助動詞

④ a 受身の助動詞　b 打消の助動詞　c 動詞の活用語尾　d 使役の助動詞

ここで、残った①と④を見てください。

傍線部bを解く必要ありますか？

ありませんね。ところが、選択肢をちゃんと消さずに解いてる人は、bを考える時間を作ってしまう。このbがもし難しい問題だったらかなりのロスになるでしょう。

そうならないためのコツとしては、傍線部を一つ解くごとに選択肢をしっかり切って、残った選択肢をチェックしながら進めること。**特に二択に絞り込んだらこの作業を忘れずに！**

スゴ技 2

文法問題は、傍線部を一つ解いたら、すぐに次の選択肢をチェックせよ。

解きやすい問題からやろう

bはスルーして、次に行こう。残る選択肢は二つだけ。そうすると、c「力者どもに輿を舁かせて」か、d「ましませば」のどちらかを解けばいいということになる。

解きやすい問題、自分が勝負しやすい問題から解くのが文法問題の、いや大学入試に共通の鉄則だ。

波線部cの直前「舁か」が馴染《なじ》みのない単語で解きづらかったら、dの「ましませ」で解けばよい。尊敬語の動詞「まします」の一部だとわかれば、正解は①だとわかる。

① a 受身の助動詞　b 打消の助動詞　c 使役の助動詞　d 動詞の活用語尾

~~④~~ a 受身の助動詞　b 打消の助動詞　c 動詞の活用語尾　~~d 使役の助動詞~~

スゴ技 3

勝負しやすいものから解け。

「勝つ受験生」になるために

あっという間に解けてしまった。

ここ数年のセンター試験はたしかに難しい。時間配分がネックで、問題の分量に対する制限時間の厳しさは、東大よりも早稲田よりもセンターが一番だ。

「勝つ受験生」になるためには、**時間のロスをなくす工夫をすること**。じっくり考えるところに時間を割き、形式で解ける問題の時間をなるべくカットすることが大切なんだ。

多くの受験生が悩んでいる時間配分をクリアできれば、きっと有利な立場に立てる。古文にかけていた時間を現代文の評論や小説に回すこともできる。そうすれば、古文だけじゃなくて国語全体の得点アップにつながるよ。

今回の解説だけでスラスラとわかった人は少ないと思います。この時間では、まず「解き方」(=選択肢の見方)を紹介しました。

2時間目では、実際にセンターで頻出《ひんしゅつ》の文法事項をやってみましょう。**「知識+解き方」の両方をマスターすれば、文法問題で間違えることは絶対になくなるよ。**

2時間目

「識別」の森で迷わないために

文法問題の知識はこれで万全！

1時間目で、選択肢を見ながらサクサク解いていくやり方はわかったかな？　ただ、せっかく選択肢の見方を知っても、基本の知識が抜けてると点はとれないよね。

そこで！　この時間では、文法識別問題で頻出《ひんしゅつ》の問題の解き方を大公開します。これを覚えれば、センター試験以外の二次や私大でも使えるよ。

文法はちょっと大変だけど、覚えたら確実に点がとれるところだから、やらないのはもったいない！　がんばっていこう！

02

ミッション

次の問いに答えよ。

制限時間 1分

・（宮人が、書を学ぶことができずに困っている人に、「私がうまく取り計らいましょう」と、）うけがは(注)れ(a)たるに、

・絃《げん》一筋ある琴なり(b)き。

・二筋に落つる涙も一筋の玉の小琴にかけに(c)けるかも

・（その琴は、杉の木に糸をかけて）調べ給へる(d)よりはじまりて、今も伝はれるなりとぞ。

（注）うけがふ――承諾する、了承する

問 波線部a〜dの文法的説明の組合せとして正しいものを、次の①〜⑤のうちから一つ選べ。

難易度 ★★☆☆☆

	a	b	c	d
①	受身の助動詞	断定の助動詞	完了の助動詞	動詞の活用語尾
②	尊敬の助動詞	伝聞の助動詞	格助詞	動詞の活用語尾
③	受身の助動詞	伝聞の助動詞	断定の助動詞	完了の助動詞
④	尊敬の助動詞	断定の助動詞	格助詞	動詞の活用語尾
⑤	尊敬の助動詞	断定の助動詞	完了の助動詞	完了の助動詞

ここで問われているのは、「れ」「なり」「に」「る」の識別。**どれも今度のセンターに出題されてもおかしくない最重要事項です。**しっかりやっておこう。

そもそも識別問題ってどうやって解くの？

文法識別問題の正しい解き方は知っている？　**まず訳してみて意味から考えるのは絶対にやめよう。**意味から考えると、引っかかるんです。そもそも、文法的アプローチができるから意味がわかるのであって、それをやらずに意味がわかるわけはないんです。

1時間目でやったことを思い出してほしい。**文法識別問題は形から解く！**　カタチってなんだ？　直前の語の活用形とか品詞とか。そういう**直前語の情報を「接続」といいます**。たとえば、「『けり』は連用形接続です」というのは、「けり」の直前語は必ず連用形になるということ。この「接続」を知ってこそ、文法識別問題が解けるんだ。助動詞活用表を見て、活用と意味ばかり覚えようとしてる人がいるけど、文法問題のカギを握っているのは「接続」だってことを忘れないようにしてください。

みんな文法問題が解けずに「文脈判断」って言葉に逃げていない？　文法識別問題で文脈＝意味を考えるのは、カタチで判断できないときだけ。**なるべく意味に頼らないで解くのが正しい解き方なんだ。**

意味で考えてはいけない理由は、間違えるからというだけじゃありません。**意味で考える**

と時間がかかってしまうんです。たとえ正解に辿《たど》り着いても、センターは時間がかかってしまったらアウト、負けです。

文法問題は時間を使うところじゃない！

これを心がけてください。

スゴ技4

文法識別問題は接続で解け。意味は最後に考えよ。

（「接続」とは直前語の情報！　文法問題を解くうえで一番大事な情報！）

「る」「れ」の識別

まずaの「れ」から。

「る」や「れ」を識別させる問題で問われるのは、以下のことなんだ。まとめておこう。

「る」「れ」の識別

Ⅰ　**自発・可能・受身・尊敬の助動詞「る」**
⬇（活用）**れ**／**れ**／**る**／るる／るれ／れよ

Ⅱ　**完了・存続の助動詞「り」**
⬇（活用）ら／り／り／**る**／**れ**／**れ**

Ⅲ　その他（動詞の活用語尾など）

この三つです。

Ⅰの「る」は、**四段・ナ変・ラ変動詞の未然形**に接続します。

一方、Ⅱの「り」は、**サ変動詞の未然形**、**四段動詞の已然形**に接続します。なんだかややこしくてごちゃごちゃしてわかりにくい。そこで、「る」「れ」を識別するのには活用形をムリヤリ覚えるよりも、**音で識別するとわかりやすい**よ。

Ⅰ「る」の接続である「四段・ナ変・ラ変の未然形」というのは、**必ず直前語の活用語尾がア段音になる**（四段の未然形は「a」、ナ変は「な」、ラ変は「ら」）。

Ⅱ「り」の接続である、「サ変の未然形、四段の已然形」というのは、**必ず直前語の活用**

語尾がエ段音になる（サ変の未然形は「せ」、四段の已然形は「e」）。
そうなると、それ以外の音に接続した場合は**Ⅲ**となるね。
これを、まとめて公式化すると、

スゴ技 5

「る」「れ」は直前語の活用語尾の音で識別せよ。

Ⅰ　ア段音 ＋ **る／れ** ＝**助動詞「る」**（自発・可能・受身・尊敬）

Ⅱ　エ段音 ＋ **る／れ** ＝**助動詞「り」**（完了・存続）

Ⅲ　その他 ＋ **る／れ** ＝**動詞の活用語尾など**

例 受くる（「受く」の連体形「受くる」の活用語尾）

これだけで識別の第一段階は完了！

「る」の訳し方をすべておさえよ！

aは、「うけがはれたるに」と、ア段音に接続しているので、Iの助動詞「る」だね。

ここで注意したいのは、「る」は自発・可能・受身・尊敬のどれか？という点まで踏み込まなくてはいけないということ。

そこで、これをおさえておきましょう。これで万全です。

スゴ技6

「る」の意味は周辺の情報から見分けよ。

①自発…心情・知覚・無意識を表す動詞につくことが多い。

（思ふ・なげく・知る・見るナド）

訳 自然と～される

②可能…打消の語を伴うことが多い。

訳 ～できる

③**受身**…「**誰々（何々）に〜される**」**という文意だと判断できることが多い。**

訳〜される

④**尊敬**…**身分の高い人の動作のことが多い**（ただし、「〜れ給ふ」の「れ」は尊敬にならない ⬇017ページ）。

訳お〜になる

これによって、ａは自発や可能でないことがわかるね。「受身」か「尊敬」か、選択肢を絞《しぼ》るために、意味を考えよう。直前の「うけがふ」は「承諾する」「了承する」という意味で、「宮人」が「私が取り計らいましょう」と言っている場面。そうすると、「宮人が承諾される」はおかしいので、「尊敬」と決まります。

本来ならｂに進みますが、同じ識別問題であるｄを先に説明しましょう。

ｄの「調べ給へる」の「る」は**エ段音に接続しているので、これはⅡの助動詞「り」になります**（⬇スゴ技5）。

「**り**」**の場合、完了・存続とおさえておけば、それでＯＫ**。完了と存続のどちらかということまで問われることはない。ｄは完了・存続。

ほら、ａとｄだけで⑤が正解だと答えが出てしまった。

「何が問われないのか」も知れ！

ここでポイントを一つ。**「る」は自発・可能・受身・尊敬のどれか、**という点まで踏み込まなくてはいけないのに対し、**「り」は完了と存続のどちらかを問われることはない**ということです。古文に限ったことじゃないけど、試験というもので「何が問われるか」をおさえることはもちろん重要です。そして、同じように**「何が問われないか」を熟知しておくことも必要**なんですね。

デキル受験生とデキナイ受験生の違いって、じつはそういう差だったりする。勉強を進めていくと、「あ、これはしょっちゅう問われるぞ」とか「あ、ここはアバウトでもいいな」とか、こういう感覚が冴えてくる。この、「やりこんだ受験生の感覚」を公式化し、これから勉強を進めていく人に考えるヒントにしてもらおうと示したのがこの「スゴ技」です。がんばって「スゴ技」を身につけて、デキル受験生の発想を近道でゲットしちゃいましょう！

「なり」の識別

aとdだけで、スゴ技1「『根拠をもって切った選択肢』は二度と振り返るな」（⬇018ページ）を守れば、答えは⑤と出てしまうのだけど、勉強のためにbとcも解いておこう。

bは、「絃一筋ある琴なりき」の「なり」だ。

「なり」で問われるものは、以下の通り。

「なり」の識別

Ⅰ　伝聞・推定の助動詞「なり」

Ⅱ　断定の助動詞「なり」

Ⅲ　動詞「なる」の活用形

Ⅳ　ナリ活用形容動詞の活用語尾

ポイントは、

伝聞・推定の「なり」と断定の「なり」は別の助動詞！

だということ。

活用も違えば接続も違う、まったく別物の助動詞なんです。用法の違いじゃありません。
もう、コレすごい大事。

Ⅰの伝聞・推定は、終止形接続。ただし、**ラ変型活用の語には連体形に接続するよ。**

Ⅱの断定は、体言や連体形に接続（一部の副詞・助詞にも接続するけど、基本的には「体言・連体形接続」とおさえておけばOK!）。このⅠとⅡの識別はセンター以外でも問われます。特に私大文系志望の人は注意しよう。とにかく、Ⅰ伝聞・推定とⅡ断定の違いを答えられるようになろう。「なり」の勝負所はここだよ。

「なり」の接続ポイント

Ⅰ 終止形（ラ変型の連体形） ＋ **なり** ＝ **伝聞・推定**

Ⅱ 体言・連体形 ＋ **なり** ＝ **断定**

「絃一筋ある琴[b]なりき。」は、**体言「琴」に接続しているので、Ⅱの断定で決まり。**

まぎらわしい「なり」対策

終止形と連体形の区別がつかない語があるため、接続だけでは簡単に助動詞「なり」の判別ができないものもある。そんなときのために、伝聞・推定になる形をチェック。マニアックな問題はセンターでは出題されないので、重要かつ頻出のものを厳選しておくよ。

スゴ技 ケ

伝聞・推定の「なり」は近辺の情報から判別せよ。

①音声を表す語がある。

（伝聞・推定「なり」は、音声を根拠にして判断する助動詞。）

例 鶉《うづら》鳴くなり。 訳 鶉が鳴いているようだ。

②撥音便《はつおんびん》が直前にある。

（撥音便とは、活用語尾「る」が「ん」になったもの。「な（ん）なり」「か（ん）なり」ナド。「ん」は省略されることもある。）

例 駿河《するが》の国にあんなる山 訳 駿河の国にあるという山

また、**動詞「なる」**は盲点になっている。問われるのは助動詞だけじゃないから注意！「**ず**（打消「ず」連用形）」「**〜く**（形容詞連用形）」「**と**（格助詞）」「**に**（格助詞）」に接続している場合は動詞だ。

例 髪も長くなりなむ。　訳 髪もきっと長くなるだろう。

「に」の識別

この時間は覚えることが多くて大変だ。でも、ここで扱う四つの識別は、受験生が一番間違えやすいところ。**差がつきます**！

そればかりか、**読解の役にも立つので**、**二度おいしい**。20点UPのために、しっかり取り組んでほしい。

ここで踏ん張れば後がラクだよ。がんばろう！

最後に、cに行きましょう。

「に」は識別対象がとても多い！　きちんと整理しておくこと。

「に」の識別

Ⅰ	**格助詞「に」**	↓体言・連体形接続
Ⅱ	**断定の助動詞「なり」の連用形**	↓体言・連体形接続（一部の副詞・助詞にも）
Ⅲ	接続助詞「に」	↓連体形接続
Ⅳ	**完了の助動詞「ぬ」の連用形**	↓連用形接続
Ⅴ	ナ変動詞の連用形の活用語尾	例 死に
Ⅵ	ナリ活用形容動詞連用形の活用語尾	例 あはれに
Ⅶ	副詞の一部	例 さらに

「断定」に着目せよ

「に」は以上の七つをまずおさえます。赤字で書いた**「格助詞」「断定」「完了」**の三つが特に重要ですから、それらは真っ先にマスターしてしまいましょう。

「に」が体言や連体形に接続すると、接続だけでは判断できないので、コツが必要になってきます。**上手に識別するためにはⅡの断定「なり」に着目することがポイント。**
そこで、次のスゴ技を覚えておきましょう。

スゴ技 8

断定の「に」は公式で覚えよ。

体言
連体形 } ＋ **に**（断定） ＋ **助詞** ＋ **存在動詞**（「**あり**」など）

訳「〜である」

例 おのが身はこの国の**人**（体言に接続）**に**は**あら**（「あり」を発見！）ず。
訳 私はこの国の人間ではない。

断定のポイントはわかったかな? 体言に接続して、格助詞か「断定」か迷ったら、このスゴ技を思い出そう。そして、**「〜である」と訳せるなら「断定」だ。**
もし、体言に接続して、断定じゃなさそうなら、格助詞を選べばいい。

「完了」も頻出！

次に、**完了**の例を見てみよう。断定・格助詞のほかに、完了も大切だよ。

では、cを見てみます。「三筋に落つる涙も一筋の玉の小琴にかけにけるかも」の「に」だ。

直前の「かけ」は動詞「かく」の連用形。**連用形に接続する「に」はⅣの完了しかない。**

なに？「かけ」が連用形だとわからない？ そういう人にはこちらのスゴ技。

スゴ技 9

完了の「に」は公式で覚えよ。

動詞 ＋ に（完了） ＋ 助動詞（直後に助動詞がある）

例 その人の名**忘れ**（動詞）**に**けり（助動詞）。
訳 その人の名前は忘れてしまった。

「かけ」にけるかも」も、「に」の直前に「かけ」という動詞っぽい語があり、直後に「ける」（過去の「けり」の連体形）があるので、「完了」だと答えが出ます。このスゴ技を使えば、この問題は**5秒で解けます。**

「なむ」の識別

では、この設問では触れられなかった要注意な識別「なむ」もマスターしておきましょう。「なむ」は解釈でも重要だよ！

「なむ」の識別

Ⅰ　終助詞「なむ」➡未然形接続　訳～てほしい（＝他者への願望）
例花咲かなむ。　訳花が咲いてほしい。

Ⅱ　助動詞「ぬ」未然形　＋　助動詞「む」➡連用形接続　訳きっと～だろう・～してしまおう
例花咲きなむ。　訳花がきっと咲くだろう。

Ⅲ ナ変の未然形の活用語尾 ＋ 助動詞「む」 ↓上に「死」去《い》（往《い》）」がある 例 死なむ

Ⅳ 係助詞「なむ」 ↓種々の語に接続

何問か古文の問題を解いてるとこういう問題が出てくるでしょ？ 基本はこれだけでOK。

まぎらわしい「なむ」の対処法

ただし、ちょっとだけ難しい問題もある。たとえば、直前の語が未然形か連用形かわからない場合は、ⅠとⅡの識別ができずに困りますね。訳してみて文脈判断をするしかないかな？

…と思う前に、そんなときはこのスゴ技を使おう。

スゴ技 10

「〜なむとす」の形なら、Ⅱの助動詞「ぬ」＋助動詞「む」である。

例 やをら出でなむとす。 訳 そっと出てしまおうとする。

そして、**ⅠでもⅡでもⅢでもなければ、Ⅳ「係助詞」と覚えておこう！**

例 名をば、さかきの造《みやつこ》となむいひける。訳 名をさかきの造と言った。

格助詞「と」は、助詞だから未然形でも連用形でもない。もちろんナ変動詞の語幹じゃない。ⅠでもⅡでもⅢでもなければ、Ⅳの係助詞だ。

また、「形容詞基本活用連用形＋なむ」（「～く＋なむ」「～しく＋なむ」）の形もⅣ「係助詞」だ。

例 いといとほしく、あたらしくなむ。

訳 たいそう気の毒でもったいないことでございます。

これは難しいので、基本を完全マスターした人だけでOK。

「あたらしく」は形容詞の連用形。連用形ならⅡじゃないの？と思うかもしれないが、**形容詞の基本活用**（**活用表右側の列**）**の下には助動詞がくっつかないというルールがある**。ということは、助動詞であるⅡはダメ。じゃあいったいなんなんだ？ ⅠでもⅡでもⅢでもないから、Ⅳ「係助詞」だね。

以上、この時間は頻出文法問題を取り上げました。残りの知識は巻末付録にまとめておいたので、そちらも読んでください。

長かった2時間目、お疲れさまでした。一度で覚えられなくても大丈夫。とりあえず3時間目以降に進んで、ほかの解き方を覚えてからここに戻ってきて、何度も見直そう。

3時間目

「敬意の方向問題」は得点のチャンス！

敬語問題なんて全然難しくない

「文法識別問題は形で解く」、理解してもらえましたか？　これで、1時間目に紹介したAタイプの文法問題は万全だね。次に、Bタイプの文法問題である敬意の方向問題をやってみましょう。ミッションとして、2009年の本試験を扱います。

本来、主体や客体が誰なのかは読みながら判断するのですが、ここでは解き方を覚えてもらうため、本文を省略し、（　）内に補っておきます。まずは、問題の解き方に集中してください。

03

ミッション　次の問いに答えよ。　制限時間2分

・兵衛佐《ひょうえのすけ》、（兵部《ひょうぶ》卿宮《きょうのみや》に）申しけるは、「…（兵部卿宮様の）召しに従ひて参らせ[a]候ふ」と申せば、

・（兵部卿宮から、手紙を）常磐《ときは》、b賜りて、

・（常磐は、兵部卿宮に）「（兵部卿宮様が、兵衛佐の妹君を）よくよくc御覧じ候ひて、…」

問 波線部a～cの敬語についての説明として正しいものを、次の①～⑤のうちから一つ選べ。

難易度★★☆☆☆

①
a 兵衛佐から兵部卿宮への敬意を示す謙譲語
b 作者から常磐への敬意を示す尊敬語
c 常磐から兵部卿宮への敬意を示す丁寧語

②
a 兵衛佐から兵部卿宮への敬意を示す丁寧語
b 作者から兵部卿宮への敬意を示す謙譲語
c 常磐から兵衛佐の妹への敬意を示す尊敬語

③
a 兵衛佐から式部卿宮への敬意を示す謙譲語
b 常磐から兵部卿宮への敬意を示す丁寧語
c 常磐から兵衛佐への敬意を示す尊敬語

④
a 兵衛佐から兵部卿宮への敬意を示す丁寧語
b 作者から兵部卿宮への敬意を示す謙譲語
c 常磐から兵部卿宮への敬意を示す尊敬語

⑤
a 兵衛佐から兵部卿宮への敬意を示す謙譲語
b 女房たちから常磐への敬意を示す尊敬語
c 常磐から兵部卿宮への敬意を示す丁寧語

「敬意の方向問題」の基本ルール

問題を解く前に、まずは敬意の方向問題で必ずおさえておくべき基本ルールだ。

敬意の方向（誰から誰への敬意か？）

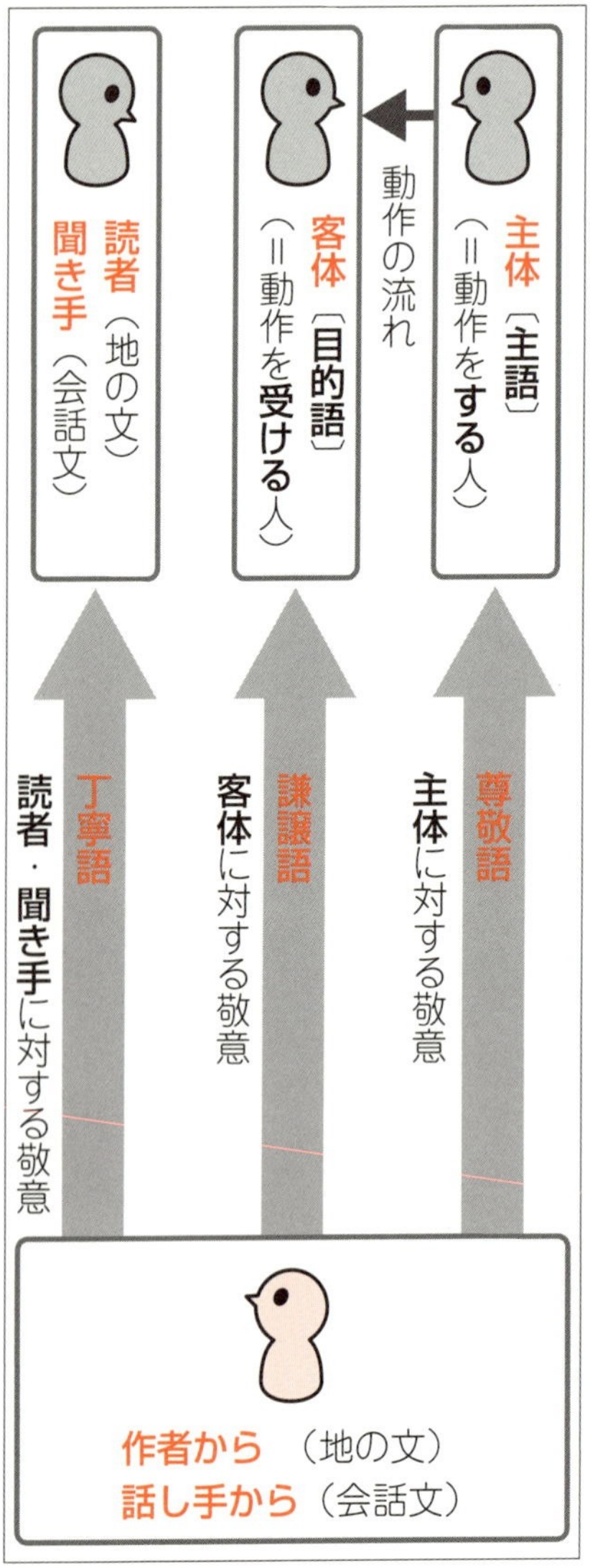

「敬意の方向問題」というのは、「誰の（**誰から**）」「誰に対する（**誰への**）」敬意かを答える問題のこと。だから、**登場人物たちの関係をしっかり把握することが必須なんだ**。動作の**主体**（**主語**・動作をする人）や動作の**客体**（**目的語**・動作を受ける人）、セリフであれば**発言している人**や**聞いている人**を理解できていないと、この問題は解けないからね。

「敬意の方向問題」では、「人物整理」をしっかり行うこと！

①傍線部の主体・客体をしっかりチェック。
②会話文であれば、「発言している人物」と「聞いている人物」をしっかりチェック。

敬語動詞を覚えていないと解けない！

順番にaからやっていこう。

・兵衛佐、（兵部卿宮に）申しけるは、「…（兵部卿宮様の）召しに従ひて参らせ候ふ[a]」と申せば、

この「候ふ」は丁寧語です。「候ふ」には謙譲語の用法もあるけれど、**補助動詞として使**

われるときは必ず丁寧語です。

「うーん、まずそこからわかんないよ」という人は、**敬語動詞を覚えなくてはいけません。**ある敬語動詞を見て、「うーん、これは尊敬語かな？　謙譲語なのかな？」っていう人がいるけど、これじゃ、絶っっ対に解けません。さきほどの図（誰から誰へ）をせっかく暗記しても、**傍線部の敬語動詞の種類がわからなければ終～了！です。**

だから、「あ、これは『のたまふ』だから尊敬語で、主語に対する敬意だ」とか、「うん、これは『聞こゆ』だから謙譲語で、客体に対する敬意だ」ってことを、「正確に」かつ「すばやく（センターは時間が勝負！）」見抜かなくちゃいけない。

でも、安心してほしい。敬語動詞は大変なように見えるけど、同じような意味をまとめて整理すれば大変じゃないんだ。巻末の付録に敬語動詞一覧をつけておいたので、ぜひ活用してください。**基礎がまだまだの人は、すべての古文単語に先駆《さきが》けて、優先して覚えてしまいましょう！**　**絶対だよ。**

選択肢を見ながら解くのだ

では、「敬意の方向問題」の解き方の手順を説明していこう。

スゴ技 11

「敬意の方向問題」は次の手順で解け。

①動作の主体・客体、（会話文であれば）話し手・聞き手をチェック！
（「人物整理」を必ず行う）

②傍線部の敬語の種類（尊敬語・謙譲語・丁寧語）を確認！
（付録（➡189ページ）で敬語動詞をきちんと覚えておく）

③①と②の情報で、「誰から誰に対する敬意か」を出す！
（傍線部の横にメモしておく）

④選択肢を見て、②や③の情報と違う選択肢を切る！
（切った選択肢は二度と振り返るな）

⑤傍線部一つずつに対し①～④の手順をやっていき、それぞれ選択肢を絞る！
（わかりにくいものは後回し！　わかる傍線部から解いていけばよい）

aは丁寧語だったね（手順②）。ということは、謙譲語の①③⑤は不正解だ。
手順③も考えよう（今回は選択肢②も④も同じだから考える必要はないのだけど、勉強のためにやっておくよ)。この波線部は会話文だから、「**話し手から**」だね。ここでの話し手は「兵衛佐」。**会話文での丁寧語は**、「**聞き手に対する敬意**」だね。ここでの会話の聞き手は「兵部卿宮」。問題なしだ。

なんと、これだけで選択肢が二つに絞られた。だから選択肢はどんどん切らないとダメだよ。時間がもったいない！　そこで、1時間目のスゴ技2（↓019ページ）を思い出してほしい。

文法問題は、傍線部を一つ解いたら、すぐに次の選択肢をチェックせよ！

特に、二択になったら、必ずチェックだったよね。

では、②と④のbを比較しよう。

②
a　兵衛佐から兵部卿宮への敬意を示す丁寧語
b　作者から兵部卿宮への敬意を示す謙譲語
c　常磐から兵衛佐の妹への敬意を示す尊敬語

④
a　兵衛佐から兵部卿宮への敬意を示す丁寧語
b　作者から兵部卿宮への敬意を示す謙譲語
c　常磐から兵部卿宮への敬意を示す尊敬語

全く同じ

解く必要なし！ はい、じゃあ本番では無視して先に進んじゃいましょう。でも今は勉強のために確認しておいたほうがいいかな。

傍線部の「賜り」（「賜る」の連用形）は、謙譲語で「いただく」の意味。この傍線部は、地の文（会話文ではない普通の文のこと。本文全体の下地になっている文だから「地」の文という）だから、「**作者から**」だね。ここで注意してほしいことがあります。

謙譲語は「へりくだり」ではなく、客体への敬意！

じつは、僕も受験生時代に謙譲語につまずいた。「謙譲語って『へりくだり』だから、動作の主体が低くなって…」と考えるとドツボにはまる。

あのね、**古文での謙譲語は原則として「客体への敬意」を表す**もので、「へりくだり」って考えると混乱の元だから気をつけよう。044ページの図を思い出して、「**動作の客体（受け手・される人）は誰かな？**」ってシンプルに考えるのがコツなんだ。

話を戻して、**謙譲語は**、「**客体への敬意**」だから、「賜る」の動作の客体を考えよう。常磐が兵部卿宮から「いただく」わけだから、「いただく人＝動作主体」は常磐。じゃあ客体は、兵部卿宮でいいね。問題なしだ。

あっという間に解ける！

では、最後にcを考えよう。

・（常盤は、兵部卿宮に）「（兵部卿宮様が、兵衛佐の妹君を）よくよく c 御覧じ候ひて、…」

尊敬語は、「動作の主体（主語）への敬意」だから、主語である兵部卿宮への敬意となる。よって、④が正解。もちろん「誰から」の部分も、会話文なんだから**話し手である「常盤」**で問題なし！

~~②~~ c 常盤から~~兵衛佐の妹~~への敬意を示す尊敬語

④ c 常盤から兵部卿宮への敬意を示す尊敬語

どうだい？ 難しく見える敬語問題もなんてことない。思ったより「簡単に」「すばやく」解けることがわかっただろう。

047ページのスゴ技77でもう一度手順を確認しておこう。

現代語訳

a　兵衛佐は、兵部卿宮に申し上げたことは、「…兵部卿宮様のお召しに従って差し出しました」と申し上げると、

b　兵部卿宮から手紙を常磐はいただいて、

c　常磐は、兵部卿宮に「兵部卿宮様が、兵衛佐の妹君をよくよくご覧になりまして、…」

敬語の補助動詞を確認

では、練習にもう一題。2011年の追試験をやってみよう。

この問題も、本来は主体や客体は読みながら判断するのですが、ここもその作業を省略して（　）内に補っておきます。

04

ミッション

次の問いに答えよ。

制限時間 1分

・「（中将は部屋を）すでに出で給ふぞ」と（大将は、中将の従者に）のたまふに、

・（大将は、中将の）御手をとらへて引き据ゑ聞こえ給ひつつ、

・（大将は、中将に）「あな尊《たふと》や。（あなたは）今は験《げん》付き給ひぬらん。（私のために）祈りして給はせよ」

とのたまふに

（注）験——修行の効果

問 波線部a～cの敬語の説明の組合せとして正しいものを、次の①～⑤のうちから一つ選べ。

難易度 ★★☆☆☆

①
a 中将から大将への敬意を示す尊敬語
b 大将から中将への敬意を示す謙譲語
c 大将から中将への敬意を示す謙譲語

②
a 大将から中将への敬意を示す尊敬語
b 作者から中将への敬意を示す謙譲語
c 大将から中将への敬意を示す尊敬語

③
a　中将から大将への敬意を示す尊敬語
b　作者から中将への敬意を示す謙譲語
c　大将から中将への敬意を示す謙譲語

④
a　大将から中将への敬意を示す尊敬語
b　御供の人々から中将への敬意を示す謙譲語
c　中将から大将への敬意を示す尊敬語

⑤
a　大将から中将への敬意を示す尊敬語
b　御供の人々から中将への敬意を示す謙譲語
c　大将から中将への敬意を示す尊敬語

順番にaからやっていこう。「給ふ」はメジャーな敬語動詞だね。尊敬語の補助動詞です。「補助動詞ってなんだ?」と思った人もいると思うけれど、**敬語動詞には本動詞と補助動詞があるんだ**。違いは次の通り。

本動詞と補助動詞

本動詞……「動作の意味」と「敬意の方向」を表す。

たとえば、「のたまふ」は、「言ふ」という動作を表す動詞の、尊敬語。(訳 おっしゃる)

補助動詞…動詞の下にくっついて、その動詞に「敬意の方向」のみを付け加える。

たとえば、「出で給ふ」の「給ふ」は、動詞「出づ」の下にくっついて、尊敬の意味を付け足すだけで、動作の意味をもたない。

まあ、ものすごく簡単に言うと、**動詞の下にちょこんとくっついていれば補助動詞**だって思ってくれて構わない。

aは会話文にあるから「**話し手からの敬意**」。話し手は大将だね。敬語の種類は尊敬語だから、「**動作の主体への敬意**」。動作の主体は中将だね。そうすると、「**大将から中将への敬意**」だ。選択肢を切ろう。

① a ~~中将から大将への敬意を示す尊敬語~~

② a 大将から中将への敬意を示す尊敬語

③ a ~~中将から大将への敬意を示す尊敬語~~

④ a 大将から中将への敬意を示す尊敬語

⑤ a 大将から中将への敬意を示す尊敬語

選択肢を読解にいかせ！

次にb。選択肢をサッとみると、bは全部「中将への敬意を示す謙譲語」だね。そうすると、これ、**「誰から」をチェックするだけでよくない？** この問題で「誰に対する敬意か？」なんて考えて無駄な時間使ってる人は、いつまでたっても「センターの時間の罠《わな》」にハマっている人なんだよ。この本を読んでくれた人は、こういう愚《おろ》かなことはしないようにね。

むしろ、**選択肢から逆算して、「これは、『謙譲語で中将』なら動作の客体は中将で決まりじゃん」って、読解のヒントにしてしまうくらいのズル賢さたくましさがほしい**もんです。

で、この傍線部。地の文にあるんだから、「**作者から**」に決まっています。答えは②。

2秒で解いちゃってください。cは解く必要なしだ！
すでに切った①③は、絶対見るなよ～。

②
b　作者から中将への敬意を示す謙譲語
c　大将から中将への敬意を示す尊敬語

④
b　~~御供の人々から~~中将への敬意を示す謙譲語
c　中将から大将への敬意を示す尊敬語

⑤
b　~~御供の人々から~~中将への敬意を示す謙譲語
c　大将から中将への敬意を示す尊敬語

では、せっかくなのでbとcを詳しく解説しておこう。

bの「聞こえ」は謙譲語の補助動詞（上に動詞「引き据ゑ」があるね）だから、「**客体への敬意**」だ。「（中将の）御手をとらへて」となっているから、客体は中将だ。よって、「**作者から中将への敬意**」。問題ない。

cの「給ひ」は、会話文にある。会話文の敬語動詞は、敬語の種類に関係なく「**話し手からの敬意**」。話し手は大将だから、大将からの敬意。この「給ひ」は尊敬語の補助動詞だから、

「**主体への敬意**」。動作の主体は「あなた」だ。この会話は、大将が中将に話しているのだから、中将のこと。尊敬語で、「**大将から中将への敬意**」だ。問題なしだね。

ここでは本文をカットして、情報が（　）内に補われているから、傍線部付近の主体や客体がわかりやすくなっている。これは、解き方に集中してもらうためだよ。**本番では、主体や客体、会話文の話し手や聞き手などをしっかり捉《とら》える作業が必要。**傍線部付近の情報をしっかりキャッチすればいとも簡単に解けてしまう。巻末付録の敬語動詞一覧表も活用して備えておこう。本番で敬語問題が出たら必ず点につながるよ！

現代語訳

a 「中将は部屋をすでにお出になったぞ」と大将は、中将の従者におっしゃると、

b 大将は、中将の御手をつかまえて座らせ申し上げながら、

c 大将は、中将に「ああ尊いことだ。あなたはすでに修行の効果が現れなさっていることでしょう。私のためにお祈りしてくださいよ」とおっしゃると、

4時間目

「語句解釈問題」に潜む意外な落とし穴！

単語集の丸暗記で通用するか？

センター古文の問題の配列は、毎年だいたい同じなんだ。トップバッターの問1は語句解釈の問題で、問2は文法・敬語。問3〜問5は心情説明や内容説明などの「部分把握」の問題、問6は全体内容に関する問題が出題される。当然、最後のほうにいくにつれて難しいような気がするが……、あれ？　問1をまた落としたぞ！という人いませんか？

そう、問1をポロポロ落としてしまう人が後を絶たない！　これは、なにかやり方が間違っているのではないのだろうか？　問題を分析してみよう。

ここで昔の問題のサンプルとして、１９９７年（みんな生まれてる？）の問題を見てください。最初に言っておきますが、今の傾向と違うので、楽な気持ちで見ていいですよ。ちなみに、この年は僕が受験した年です（笑）。

問 傍線部の語の解釈として最も適当なものを、次の①～⑤のうちから一つ選べ。

やがて

① まもなく
② いつかは
③ そのうち
④ そのまま
⑤ すぐさま

正解は④。

では、最近の問題に行きましょう。２０１５年です。

問　傍線部の解釈として最も適当なものを、次の①～⑤のうちから一つ選べ。

御こころざしのになきさまになりまさる

① 帝のご愛情がこの上なく深くなっていく
② 帝のご寵愛《ちょうあい》がいっそう分不相応になっていく
③ 帝のお気持ちがいよいよ負担になっていく
④ 帝のお気遣いがますます細やかになっていく
⑤ 帝のお疑いが今まで以上に強くなっていく

正解は①。

どうです？　昔と今じゃ長さが全然違うでしょ。もちろん昔の問1にも、ある程度の長さがあるものもあったし、今でもわりと短めの問題もあるので、これは極端な例ですが、ここ数年の問1は**単語力だけを試している問題じゃない**ってことを確認してほしいのです。

もちろん、単語力は重要です。でも、現在のセンターの問1は、**単語集の丸暗記では通用しない問題が出題されている**ということをわかってほしい。問1なんて楽勝だろうと思っているとと足をすくわれてしまう。それを知ってほしい。

問1には二つのタイプがある

問1の設問を分析してみると、次の2タイプに分けられていることがわかる。

問1の2タイプ

単文解釈型…オーソドックスな「一文解釈」をするタイプ。文法や単語の訳を正確に行うことが求められている。⬇062ページ

知識一発型…慣用表現や古文常識で解くタイプ。⬇072ページ

問1を正確に解くためには、どっちのタイプの設問かを見極め、ポイントを外さない解き方をしなければいけないんだ。

「単文解釈型」問題の解き方

では、オーソドックスな「単文解釈型」の問題からやってみよう。最も出題が多いパター

ンだ。しっかりやろう。2014年に出題された『源氏物語』から。

05

ミッション

次の問いに答えよ。

制限時間 1分

（夫婦げんかをしたため、子どもを家に残して実家に帰ってしまった三条殿を、大将殿は追いかけて実家に行くが三条殿は大人げない振る舞いをする。その子どもたちについて、大将殿が言っている場面）

かしこなる人々も、らうたげに恋ひ聞こゆめりしを、……

（注）かしこなる人々――邸宅に残された子どもたち

問　傍線部の解釈として最も適当なものを、次の①～⑤のうちから一つ選べ。

難易度 ★★★★☆

① いじらしい様子でお慕い申し上げているようだったが
② いじらしげに恋い焦がれているらしいと聞いていたが
③ かわいらしげに慕う人の様子を聞いていたようだが
④ かわいらしいことに恋しいと申し上げていたようだが
⑤ かわいそうなことに恋しくお思い申し上げているようだったが

まず、「恋ひ聞こゆ」に着目しよう。なぜかというと、「聞こゆ」は、「恋ひ」という動詞の直後についているので、謙譲語の補助動詞だとわかるからだ。こういうふうに**敬語に着目するのが大切**なんだ。センターの問1では、**敬語が含まれる傍線部の場合、敬語の訳し方で選択肢を絞《しぼ》り込めるケースが多い**。特に、問2で敬語が出題されない場合、問1で敬語の理解を問う意図の出題がされているようだよ。

この問題の場合、謙譲語の補助動詞の訳「〜申し上げる」の形になっているのは、①「お慕い申し上げている」と⑤「恋しくお思い申し上げている」だけ。④は一見正しいように見えるが、「〜と申し上げていた」となっていて、これは、「言ふ」の謙譲語の訳し方（補助動詞でなく、本動詞）になっている。

① いじらしい様子でお慕い申し上げているようだったが

② いじらしげに恋い焦がれているらしいと聞いていたが

③ かわいらしげに慕う人の様子を聞いていたようだが

④ かわいらしいことに恋しいと申し上げていたようだが

⑤ かわいそうなことに恋しくお思い申し上げているようだったが

「単文解釈型」に仕組まれているワナ

さて、多くの人は問題を解くときにこう考えたのではないでしょうか？

「『らうたげに』か。『らうたし』『らうたげなり』は単語集で暗記したぞ。『かわいらしい』だよな、よっしゃ、③か④だな」

この解き方をしていると、いつまでたっても問1で落とすクセは治りませんよ〜。

形容詞「らうたし」（形容動詞「らうたげなり」と意味はほぼ同じ）を辞書で調べると、たしかに「かわいらしい」「愛らしい」と書いてありますが、こんな説明も書かれている。

「手を貸していたわりたくなるようなかわいらしいようす」

「弱々しく無力なものをなんとかしてやりたいという気持ちが伴ったかわいらしさ」

「らうたし」「らうたげなり」はこんなニュアンスをもつ単語なんだ。**単語を覚えるときに大切にしてほしいのは、このモヤッとした全体のイメージ・ニュアンスをつかむこと。**そのために必要な勉強は、単語集の意味だけを丸暗記したりゴロで覚えたりするのではなく、語のもっているイメージ・ニュアンスをつかむように、辞書や単語集の**説明部分をしっかり吸**

収することなんだ。学校や予備校の先生がよく「**辞書は引くのではなく、読みなさい**」と言うのは、こういうことを指しているんだね。

そうすると、この「らうたげに」の訳としては、「**いじらしい**」「**いじらしげに**」の①と②も候補に残ることがわかるだろう。「いじらしい」って、日々の生活ではあまり使わないかもしれないけど、「幼い子どもや弱い者などの振る舞いが、何ともあわれで同情したくなる感じである」ということ。選択肢の意味がわからないと厳しいね。

センターの出題者は、古文単語を「ただ訳を丸暗記すればいいや」と考えている受験生の勉強法に対して「ちょっと待て！」と言うために、こういう問題を作っているんだと僕は思います。

「2段階攻撃」で攻めよう！

さて、「聞こゆ」で①と⑤に絞りこみをかけたら、次はどこを見ようか？　じつは、この「**どこをチェックするか？**」**という意識がとても大切**です。

かりに、文法「めり」「し」（「き」の連体形）で選択肢をチェックすると、どちらも婉曲・推定の「めり」（〜ようだ）、過去「き」の解釈がされているので、ここは勝負所ではないことがわかるよね。

そこで、先ほど話題に出た「らうたげに」を見てみよう。⑤の「かわいそうなことに」を切れば、答えは①と出るね。

ここでみんなに知っておいてもらいたいことは、**二つ以上の「チェックポイント」（＝出題意図）を探し、一つ目のチェックポイントで選択肢を絞り、二つ目のチェックポイントで残った選択肢から解答を決定するというプロセス**です。つまり、**「2段階攻撃」で解答を導け！**ということ。

どうしてこれが重要かというと、**正確に解く**ためということと、**時間短縮にとても有効な**やり方だからです。高得点をとる受験生は自然とこのやり方が身についています。本書を読んでくれているみんなも、ぜひ実践してみてください。

チェックポイントをしっかり見つけるためには、**選択肢の全体をザッと「鳥の目」で俯瞰《ふかん》し、「どの部分が出題意図なのかな？」という意識を常にもつ**ことです（➡082ページで詳しく説明します）。

よし、ではここでみんなに実践してほしいことをまとめておこう。

スゴ技12

オーソドックスな「単文解釈型」は次の手順で解け。

①まず選択肢全体を「鳥の目」で見渡す。

②問題に仕込まれた二つの「チェックポイント（出題意図）」を見破る。

（出題意図は「敬語」「重要単語」「助動詞・助詞の訳」を意識せよ！）

③一つ目のチェックポイントで選択肢を二つか三つに絞り込む。

④残った選択肢から、二つ目のチェックポイントで答えを決定する。（**2段階攻撃**）

⑤文脈判断は後回し！

現在のセンター試験は、ほとんどがこの「単文解釈型」問題です。これをマスターすれば、問1の正答率がグッと高まりますよ。

文脈判断もしなければいけない場合

では、「単文解釈型」の発展問題をやってみましょう。

06 ミッション

次の問いに答えよ。

制限時間 1分

（主人公の「帥《そち》の君」が右大臣の口添えにより大宰《だざい》の帥に任官し、一家で九州に向かうことになった。主人公が大臣に別れの挨拶《あいさつ》に訪れた場面）

大臣はかねて御心まうけありて、帥の君に名高き帯とかしこき御馬二つ、北の方にとて綾百疋《あやももむら》、姫君の御料にとていと清らなる御衣《おんぞ》一領《ひとくだり》、若君の御料をさへ細やかに心して奉り給ひて、童《わらは》・下使ひなどまでに、禄《ろく》どもあまたかづけ給ふ。

問　傍線部の解釈として最も適当なものを、次の①〜⑤のうちから一つ選べ。

難易度 ★★☆☆☆

① 褒美の着物を次々と着せ掛けなさる
② 任官の俸給を十分に支給なさる
③ 大宰府への伝言をあれこれとお託しになる
④ 祝儀の品々をたくさんお与えになる
⑤ お祝いの衣装を何枚も重ね着なさる

では、解いていこう。傍線部「禄どもあまたかづけ給ふ」のチェックポイント（出題意図）ってなんだろう？ **この自問自答がとても大事です。** 助動詞・助詞がないから文法はなさそうだね。おっと、「給ふ」があるな。覚えていますか？ **「敬語に着目するのが大切！」** でしたね。残念ながら、ここではどの選択肢も尊敬語になっているので、敬語が出題意図ではありません。じゃあなんだ？「禄」？「あまた」？「かづけ」？ こういうふうに、**選択肢全体ではなく、部分部分をチェックしていく心がけで解くことが大切です。**

やってはいけない！ 最悪の解き方

ところで、こんな解き方をしてる人はいないかな？

「傍線部の前に、『童・下使ひなどまでに、』ってあるな。主語は大臣でしょ、童や下仕えの者たちが客体だから、ご褒美だろう。答えは①だ！」

これは本当にやってはいけません。**出題意図をまったく意識していない。** こういうふうに**文の流れにあてはめてスッと通るような選択肢を誤答として出題者は用意しているんだ。** だから、文脈だけで解こうとするのは、愚《ぐ》の骨頂《こっちょう》、出題者のひっかけに自分からハマりに行くようなものです。

単語の意味も最後は文脈だ

まず「禄」を考えてみようか。「禄」には、①給与、②褒美、③祝儀などの意味がある。そこで、**③**の「伝言」はおかしいぞということになるので、切ってしまおう。**①**「褒美」、**②**「俸給」（給料のことだね）、**④**「祝儀」、**⑤**「お祝い（の衣装）」、はＯＫだ。

ここで、覚えておいてほしいことが一つ。**たとえ、どんなに内容的にしっくりくるものでも、辞書的な本来の意味にはない③「伝言」が正解になることは絶対にない。**逆に**①②④⑤**のどれが正解かは文脈で判断すればいい。**「辞書的な意味」で間違っているものをそぎ落とし、次に文脈で合わせること。**

スゴ技 13

語句の意味は次の順序で考えよ。

①「辞書的な意味」で間違っているものをそぎ落とす。

②そのうえで文脈で考える。（＝傍線部の主体・客体を補って読む。）

※多義語は狙われやすいので注意！

文脈で考えると、主人公の帥の君は大臣に別れの挨拶に来ているわけだから、大臣が帥の君の童や下仕えの者に「褒美」をあげる理由はないし、「俸給」を払うのもおかしい。①と②も切れるね。こうやって、主体・客体の人物関係をしっかりと把握したうえで取り組むことも大切なんだ。だから、問1では**傍線部の主体・客体を補う**と解きやすくなるよ。

- ①（×） ~~褒美の着物~~を次々と着せ掛けなさる
- ②（×） ~~仕官の俸給~~を十分に支給なさる
- ③（×） ~~大宰府への伝書~~をあれこれとお託しになる
- ④ 祝儀の品々をたくさんお与えになる
- ⑤ お祝いの衣装を何枚も重ね着なさる

二つ目のチェックポイントとして、「かづけ」を考えましょう。「かづく」は四段活用と下二段活用の両方の活用をもつ動詞で、四段活用では①かぶる、②（褒美・引き出物などを）いただく、下二段活用では①かぶせる、②（褒美・引き出物などを）与える、という意味になる。

この「かづけ」は連用形（**補助動詞「給ふ」の上だから**）なので、下二段活用の「かづく」だとわかります。④は「お与えになる」ですが、⑤は「重ね着なさる」になっています。これで答えが出たね。正解は④だ。

文脈をとらえることも大切ですが、問1の語句解釈問題では、しっかりと重要単語の意味や文法・敬語をとらえましょう。

どこがチェックポイント（**＝出題意図**）**になっているのかを見抜く力も、これらの基礎力があってのもの**です。だから、基礎力をつけることが、選択肢を選ぶ「上手さ」につながるんだよ。

知らないと解けない！「知識一発型」

最後に、「出題意図を考える」よりも、「知っているか知らないか」が勝負の分かれ目、「知識一発型」について軽く触れておきましょう。これは知識問題なので、日頃から覚えるべきことを覚えるのが一番の対策です。例を挙げてみましょう。これも2014年の『源氏物語』だ。

07 ミッション

次の問いに答えよ。

制限時間 0.2分

難易度 ★★☆☆☆

問 「いざ、給へかし」の解釈として最も適当なものを、次の①～⑤のうちから一つ選べ。

① まあ、あれをご覧なさいよ
② まあ、そこにおすわりなさいよ
③ まあ、あなたの好きになさいよ
④ さあ、こちらへおいでなさいな
⑤ さあ、わたしにお渡しなさいな

受験生だったら即答できないといけないよ！　「いざ給へ」は「**さあ、いらっしゃい**」という意味だ。答えは④だね。
出たら危ない「知識一発型」の対策は、とにかく知識を増やすこと！　これしかない。巻末の付録にある単語は絶っ対におさえてね。

古文常識にも注意！

最後にもう一つやってみよう。

08

ミッション

次の問いに答えよ。

制限時間 0.5分

（病の床に臥《ふ》していた筆者の娘がいよいよ臨終かというとき、周囲の人々に話しかける場面）

聞く人みな肝魂も消え失せぬ。いかなる岩木もえたふまじく、上中下声をあげて等しく、さと泣きけり。

問 傍線部の解釈として最も適当なものを、次の①～⑤のうちから一つ選べ。

難易度 ★★☆☆☆

① どんな強情な人も、我慢できなくて

② どんな頑強な人も、我慢できそうになくて

③ どんな薄情な人も、こらえることができなくて

④ どんな非情な人も、こらえられそうになくて

⑤ どんな気丈な人も、こらえきれなくて

この問題、「えたふまじく」の部分は、「我慢することができそうにない」という意味（**「え〜打消」は不可能**で、**「まじ」は打消推量**）だから、②と④が残るね。

「2段階攻撃」の仕上げは、前半の「いかなる岩木も」。選択肢を見渡すと、「いかなる」は全部「どんな」だから、結局「岩木」しか聞いていない。

「岩木」や「木石」は、心情をもたないもの、非人間的なものの比喩《ひゆ》表現。単語集には載っていない語なので、これは**古文常識が問われている**といえるね。答えは④だ。

問1の解法、わかったかな？　**どこが出題意図なのかじっくり2段階で攻める「単文解釈型」タイプ**と、**知識をストレートにズバリ答える「知識一発型」**のどちらなのかを捉《とら》えて、この問題、今日からは満点を目指そう！

以下に、手順をまとめておくよ。

スゴ技14

「語句解釈問題」を見極めよ。

傍線部を読む

- 慣用表現や古文常識をズバリ問うもの
（短めの傍線部に多い）

↓

知識一発型

日頃から基礎力を鍛えておくことが決め手！

- 傍線部も選択肢も長い
- 解釈問題っぽい
- 文脈と関係ありそう

↓

単文解釈型

スゴ技12の解き方をマスターせよ！

「**2段階攻撃**」で攻めよ！

- 「**鳥の目**」で選択肢全体を見渡す
- **チェックポイント**（＝**出題意図**）二つを見破る
（「敬語」「重要単語」「助動詞・助詞の訳」に注意）
- 一つ目のチェックポイントで**選択肢を絞り込む**
- 二つ目のチェックポイントで**答えを決定**！

軍師になって全体を「俯瞰」せよ！

センター古文の特徴を知ろう！

ここまで、問1「語句解釈問題」、問2「文法識別問題」「敬意の方向問題」の解き方を紹介してきました。さあ、いよいよ問3以降の配点の高い問題を説明していくよ！

具体的な話に入る前に、センター古文の特徴から説明しよう。センターの選択肢は、一般的な入試問題の選択肢とかなり違う特徴をもっているよ。実際に見てみよう。

問　傍線部「『心苦し』と思す」とあるが、誰《だれ》が、どのように思っているのか。その説明として最も適当なものを、次の①～⑤のうちから一つ選べ。

①　三条殿が、姫君と幼い子どもたちを実家に連れてきたものの、両親の不和に動揺する子どもたちを目にして、愚かなことをしたと思っている。

② 三条殿が、我が子を家に置いて出てきてしまったものの、子どもたちが母を恋い慕って泣いていると耳にして、すまないことをしたと思っている。

③ 大将殿が、三条殿にとり残されてしまった我が子の、父の姿を見つけて喜んだり母を求めて泣いたりする様子に心を痛め、かわいそうだと思っている。

④ 大将殿が、置き去りにされた子の、母に連れて行かれた姉妹や弟をうらやんで泣く姿を見て、我が子の扱いに差をつける三条殿をひどいと思っている。

⑤ 姫君たちが、父母の仲たがいをどうすることもできないまま、母三条殿の実家に連れてこられ、父のもとに残された兄弟たちを気の毒だと思っている。

どうだろう？　何か感じたかな？　「**選択肢が長い！**」と思ったあなた、正解です。私立文系の大学で出題される古文の選択式問題の倍くらいあるのが普通、**後半の問題にいけばもっともっと長い選択肢で出題されるよ**。この長い選択肢を、①から⑤までじっくり読んで答えを出すなんてことをやっていたら、あっという間に時間がなくなってしまう。そう、**0時間目**で言ったように、**センターは時間との勝負**だったね。じゃあ、ここでは、時間を短縮するスゴ技を紹介していこう。

センター古文を短時間で終わらせるためには、

①本文を速読する。
②設問を効率よくさばく。

この二つの方法しかない。そして、「時間を短縮しよう！」って言うと、みんなは①「本文を速読する」のほうをまず考えるんだ。

でも、考えてほしい。古文を速く読むトレーニングはたしかに大事だけど、いまから本文を読むスピードが急に4倍5倍に上がると思う？　ちょっと無理そうだよね。読んだフリならできるけど、内容を理解しながらとなると、とても無理。

そこで、これはこの本の最大の目的なんだけど、②「**設問を効率よくさばく**」**スゴ技を学んでほしい。**デキル受験生が自然とやってることを、ちょっとのトレーニングで自分のモノにしようよ。

選択肢はブロックごとに分解せよ！

さきほどの選択肢をもう一度見てみよう。「長い」以外に何か特徴をつかめたかな？　選択肢をそれぞれ読点のところで句切ってみよう。

①三条殿が、／姫君と幼い子どもたちを実家に連れてきたものの、／両親の不和に動揺する子どもたちを目にして、／愚かなことをしたと思っている。

②三条殿が、／我が子を家に置いて出てきてしまったものの、／子どもたちが母を恋い慕って泣いていると耳にして、／すまないことをしたと思っている。

③大将殿が、／三条殿にとり残されてしまった我が子の、／父の姿を見つけて喜んだり母を求めて泣いたりする様子に心を痛め、／かわいそうだと思っている。

④大将殿が、／置き去りにされた子の、／母に連れて行かれた姉妹や弟をうらやんで泣く姿を見て、／我が子の扱いに差をつける三条殿をひどいと思っている。

⑤姫君たちが、／父母の仲たがいをどうすることもできないまま、／母三条殿の実家に連れてこられ、／父のもとに残された兄弟たちを気の毒だと思っている。

句切った各選択肢の一番最初（「第1ブロック」と呼びます）が、「誰々が」という人物で統一してあるね。各選択肢の最後（4番目なので「第4ブロック」と呼びます）は「と思っている」で結んでいる。センターでは、こういうふうに選択肢の構成が統一されていることが多い。そこで、①の最初から⑤の最後までじっくり見てから解答を選ぶというのをやめよう。**まず、選択肢を「鳥の目」で広く見渡し、できるだけ簡単な箇所から不正解の選択肢を切り落としていきます。**

ここで、やってほしい&慣れてほしいことは、**選択肢を横に見る**こと。いいですか、しっかり読みこんだり考えたりするんじゃなくて、その前に**選択肢全体を見て各選択肢の構成がどうなっているかをざっくり捉《とら》える**のです。

じつはこの問題、傍線部の近くを読むと主語が「大将殿」だと簡単にわかるんだ。したがって、三条殿が主語になっている①と②、姫君たちが主語になっている⑤は不正解だとすぐわかるので、**①②⑤の第2〜4ブロックを読む必要はない。**

手順を逆にして「心苦し」の本文中での意味を考え込んだり、選択肢を全部読み込んだりしていると、時間のロスがとてつもなく大きい。こんな解き方をしていると、時間的に不利になるばかりです。

軍師になって全体を「俯瞰《ふかん》」せよ！

この5時間目では、問3以降を解く際の共通の考え方として、「**選択肢をブロックに分けて、全体を『鳥の目』で大きく見渡し、横に目を移動させ、出題意図を察知する**」というスゴ技を伝授していきます。

いままでは選択肢に踊らされ、苦しまぎれに問題を解いていたかもしれない。そう、戦況全体を見ていない「一兵卒《いっぺいそつ》」がやみくもに敵と戦っても、「討《う》ち死に」してしまう危険性大。でも、これを読んで解き方（＝戦い方）をマスターしたら、今度は「軍師」になれる。選択肢という「戦場」全体を「俯瞰《ふかん》」して、華麗に、鮮やかに、勝負所を見極めた「戦略」で、敵をバッタバッタ切り倒していけるはずだ。

この時間が後半編のスタート地点です。しっかり吸収しよう！

スゴ技15

問3以降は次の手順で解け。

①選択肢全体を見渡す。
（何も考えずに、答えを選びにかからない）

②各選択肢をいくつかのブロックに句切る。
（人物や行動・心情、その理由などに分ける。読点を目安にするとよい）

③すばやく判断できそうなブロックを見定め、横に見ていく。
（主語や人物、わかりやすそうな単語の意味から攻めるとラク）

④不正解の選択肢を排除する（⬇二つか三つが残る）。

つづくよ

(「2段階攻撃で攻めよ」の原則で、とりあえず切りやすいものから切る)

⑤**残った選択肢のみ**、③**で使わなかったブロックで解答決定。最後に選択肢全体を見て確認。**

(④で切った選択肢は二度と振り返るな!)

では、問の続きに戻ろう。①②⑤は排除できていたよね。

> ③ 大将殿が、/三条殿にとり残されてしまった我が子の、/父の姿を見つけて喜んだり母を求めて泣いたりする様子に心を痛め、/かわいそうだと思っている。
>
> ④ 大将殿が、/置き去りにされた子の、/母に連れて行かれた姉妹や弟をうらやんで泣く姿を見て、/我が子の扱いに差をつける三条殿をひどいと思っている。

残った③と④だけど、選択肢のどのブロックを見るのがよいだろうか。そう、この作戦、**どのブロックに注目するかがカギを握っている**んだ。

勝負はできるだけ、シンプルかつわかりやすいところがいい!

主語となる人物を先にチェックしたのは、内容にかかわらずに選択肢を選別できるからなんだ。

このとき、**各選択肢の末尾の部分**を見ると上手に選択肢のチェックができる。ごちゃごちゃした理由やいきさつをすっ飛ばし、**結論部分をシンプルに抽出すると、選択肢の一番言いたいことがわかりやすい**。それに、選択肢を横に見るときも、最後の部分を見るほうが、真ん中あたりを見るよりも作業がやりやすいんだ。

この例で言うと、

③　大将殿が、／かわいそうだと思っている。
④　大将殿が、／（我が子の扱いに差をつける）三条殿をひどいと思っている。

と抽出すると、シンプルですごくわかりやすいね。④の第4ブロックはちょっと長いけど、「我が子の扱いに差をつける」は「三条殿」を修飾していると考えて、「ひどいと思っている」とだけ考えれば、もっとわかりやすい。

ここに対応するのは、「心苦し」という単語なんだけど、「心苦し」は、相手に対して心の苦痛を感じることをあらわす形容詞で、「**気の毒だ**」などと訳す。④の「三条殿をひどいと思っている」は、「心苦し」と大きく意味がずれているね。よって、正解は③だ。

最後に、③全体をじっくり見て確認しよう。重点的にチェックした箇所以外の部分、第2第3ブロックが本文と間違いがないことを確認して終了だ。

何も考えずに選択肢を見るな！

このスゴ技の要点は、きちんと意識しながら選択肢のブロックをチェックする作業だ。肝《きも》に銘《めい》じてほしいのは、

何も考えないで選択肢の全体を見て選ぼうとするほど愚《おろ》かなことはない！

ということなんです。

そして、スゴ技15 **で示した④の作業までを速くやることが大切。**

センターは五つの選択肢の中から一つを選ぶ問題が主流で、

センターの選択肢

A 正解とは程遠い**ダメダメな選択肢**（三つ）

Ｂ 正解の選択肢に近い**まぎらわしい選択肢**（一つ）
Ｃ **正解の選択肢**（もちろん一つ）

で構成されていることが多い。

時間が足りない人の共通点は、**ダメダメな選択肢Ａの排除に時間を取られ過ぎている**ってことです。逆に言うと、**最後の二つＢとＣの選択肢はしっかり吟味《ぎんみ》して正解を選ぶべき**。ここを慌ててやると、ミスが生じてしまう。

ところが、そもそも選択肢の全体を見て選んでいる人は、ＡとＢの違いすらわかっていないことが多い。選択肢の長さに踊らされてしまっているんだね。

そこで、**選択肢の構成が似ているというセンターの特徴を生かして、Ａをすばやく切って時間を稼ごう**というのが、このスゴ技です。要は、**選択肢の「部分」を横に見ていく**ことを徹底するということ。これは、慣れれば誰にでもできる技術なので、ぜひ実践してほしい。

ただし、このスゴ技が通用するのは、原則として選択肢の構成が似ている問3〜問5です。問6の解き方は、8時間目に説明しましょう。

では、6時間目からは、このやり方を踏まえて、設問タイプごとに深めていくよ。

6 時間目

「心情把握問題」では主観をはさむな!

登場人物の心情を読者が勝手に想像しちゃダメ!

さあ、いよいよ問3以降の設問別の具体的な解き方に行きましょう! 勝負はここから。解き方がわかれば、センター試験なんて全然怖くない!

古文には、**登場人物の心情**を尋ねる設問があるね。「このときの●●の心情の説明として最も適当なものを選びなさい」とか「この●●の発言にはどのような気持ちがこめられているか?」というふうに問われる問題だね。

この時間のタイトル「『心情把握問題』では主観をはさむな!」には、「**間違った解き方をする受験生**」**への注意**が具体的に含まれているんだ。どういうことかというと、みんな心情は「主観」で解くものだと思っている。思っていなくても、いざ解こうとすると自分勝手に登場人物の「心情」を頭の中で想像して、間違えてしまっていないだろうか? もちろん、**出題者もそれを知っている**。ダミーの選択肢には、いかにもありそうな選択肢を入れておく。

そうやって解いている人をひっかけるというわけです。
だから**「主観」**や**「思い込み」**ではなく、**正しい「解き方」**を身につけなくちゃいけない。
そこで、心情把握問題を解くうえでのポイントを分析してみよう！
次の問を、本文を少し読み込んでから答えを選んでほしい。制限時間は3分だ。

09

ミッション

次の問いに答えよ。

制限時間 3分

次の文章は、『兵部卿《ひょうぶきょう》物語』の一節である。兵部卿の宮の恋人は宮の前から姿を消し、「按察使《あぜち》の君」という名で右大臣の姫君のもとに女房として出仕した。宮はそれとは知らず、周囲の勧めに従って右大臣の姫君と結婚した。以下の文章はそれに続く場面である。これを読んで、後の問いに答えよ。

宮つくづくと御覧ずるに、白菊の歌書きたる筆は、ただいま思ほし出でし人の、「草の庵《いほり》(注)」と書き捨てたるに紛《まが》ふべうもあらぬが、いと心もとなくて、「さまざまなる筆どもかな。誰々《たれたれ》ならん」など、ことなしびに問はせ給へど、うちそばみおはするを、小さき童女《わらは》の御前に候ひしを、「この絵は誰が書きたるぞ。ありのままに言ひなば、いとおもしろく我も書きて見せなん」とすかし給へば、「この菊は御前なん書かせ給ふ。『いと悪《あ》し』とて書き消させ給へば、わびて、按察使の君、この歌を書き添へ給うつ」と語り聞こゆれば、姫君は「いと差し過ぎたり」と、恥ぢらひおはす。

（注）「草の庵」と書き捨てたる――按察使の君が姿を消す前に兵部卿の宮に書き残した和歌の筆跡。

問 傍線部「恥ぢらひおはす」とあるが、この時の姫君の心情の説明として最も適当なものを、次の①～⑤のうちから一つ選べ。

難易度 ★★★★☆

① 宮に会うのを嫌がっている按察使の君の様子が気の毒なので、長々と引き止めてしまった自分を恥じている。

② 按察使の君の見事な筆跡に宮が目を奪われているのを見て、自分が描いた絵のつたなさを恥ずかしく思っている。

③ 白菊の絵をめぐるやりとりを童女が進んで宮に話してしまったので、自らの教育が行き届かなかったと恥じている。

④ 配慮を欠いた童女のおしゃべりのせいで、自分たちのたわいない遊びの子細を宮に知られて恥ずかしく思っている。

⑤ 白菊の絵を置き忘れた按察使の君の行動が不注意にすぎるので、自分の女房として恥ずかしいと思っている。

よーし、「恥ぢらひおはす」だな。ということは、恥ずかしく思っているんだろう。「**軍師になって選択肢を『俯瞰《ふかん》』せよ**」だったよな。「**結論部分をシンプルに抽出してみる**」を実践してみるか！　…あれ？

① 宮に会うのを嫌がっている按察使の君の様子が気の毒なので、長々と引き止めてしまった自分を恥じている。

② 按察使の君の見事な筆跡に宮が目を奪われているのを見て、自分が描いた絵のつたなさを恥ずかしく思っている。

③ 白菊の絵をめぐるやりとりを童女が進んで宮に話してしまったので、自らの教育が行き届かなかったと恥じている。

④ 配慮を欠いた童女のおしゃべりのせいで、自分たちのたわいない遊びの子細を宮に知られて恥ずかしく思っている。

⑤ 白菊の絵を置き忘れた按察使の君の行動が不注意にすぎるので、自分の女房として恥ずかしいと思っている。

がーーーん。全部「恥ずかしい」心情じゃないか……。うーん、よくわからないからコレにしておこう、と解くと、出題者の思うツボ。さあ、「**解き方**」を考えていこう！

じつは「心情」なんて問われていない？

いいかな？　よーく考えてほしい。「恥ぢらひおはす」に傍線が引っ張ってあって、「恥ずかしい」という心情を導くことができない受験生がいるだろうか？（いや、いない。）

そう、**心情に傍線を引っ張って心情そのものを問うほど、センターは甘くない**んです。じゃあ何が問われているんだろうか。この設問は、読点（「、」）の部分で句切ると2ブロック構成だね（「**選択肢はブロックごとに分解せよ！**」だったね ⬇080ページ）。となると、「第1ブロック」に解答の根拠があるはずだ。チェックしてみよう。

① 宮に会うのを嫌がっている按察使の君の様子が気の毒なので、／長々と引き止めてしまった自分を恥じている。

② 按察使の君の見事な筆跡に宮が目を奪われているのを見て、／自分が描いた絵のつたなさを恥ずかしく思っている。

③ 白菊の絵をめぐるやりとりを童女が進んで宮に話してしまったので、／自らの教育が行き届かなかったと恥じている。

④ 配慮を欠いた童女のおしゃべりのせいで、／自分たちのたわいない遊びの子細を宮に知られて恥ずかしく思っている。

⑤ 白菊の絵を置き忘れた按察使の君の行動が不注意にすぎるので、／自分の女房として恥ずかしいと思っている。

①③⑤が「〜ので」、④は「〜のせいで」で終わっているので、**理由を問われている**ことがわかる。②も心情に至る理由を問われていることは同じだろう。すべての選択肢が因果関係で構成されているね。

そもそも文章は、心情を軸《じく》に考えると、次のような作りになっている。

理由 ある「心情」に至ることになった原因

↓

心情

↓

行動 その「心情」に基づく行動

すごく単純化した具体例を挙げると、

理由 合格通知をもらった

↓

心情 うれしい！

↓

行動 涙が出た

こんな感じかな。この例で考えると、本文内に「うれしい」と書いてある場合、「うれしい」

に傍線を引っ張って「心情は何ですか？」という設問は無意味だよね。**理由**（「合格通知をもらった」）**をポイントにして選択肢を選ぶ問題が多い**ということなんだ。

逆に、心情（「うれしい」）がはっきりと書かれていない場合、**行動**（「涙が出た」）**や理由**（「合格通知をもらった」）**から、心情**（「うれしい」が正解、「悔しい」「悲しい」などはダメ）**を考える**パターンもあるんだ。

特に注意したいのは、「**理由**」**を読み取って解く**タイプの設問。**センターはこの問題が多いんだ。**今回のミッション⑨もそうだね。

みんな「心情の説明として」とか「どのような気持ちか」と問われると、「『心情』が問われたぞ！『心情』を答えなきゃ！」って真正面から受け止めすぎなんですよね。でも実際は、ミッション⑨のように**「心情把握問題のフリをした理由説明問題」だったりする。**

まずみんなにわかってほしいのは、この視点。「**因果関係**」**に着目する**と**いうちょっとしたアイデアを知っていれば、設問に対する構え方も全然違ってくる**でしょ？「頭のいい人」って、じつはこういう「目のつけ所」のセンスがいいのです。だからみんなは、それをこの「スゴ技」でマネして解けばいいのです。「スゴ技」は「天才だけができるスゴい技」ではなくて、「**誰でも実践できる**から**スゴ技**」なんですよ。

では、心情把握問題の正解選択肢の上手な見方を、図で確認しよう。しっかり覚えてね。

スゴ技16

心情把握問題のすばやい解き方フローチャートを駆使せよ。

傍線部に心情が直接表現されている？

YES →

- **心情説明のフリをした理由説明問題**
  理由に注目！
- → 本文に戻って、傍線部付近に理由が説明されている箇所を探す。（やみくもに答えを探すな！ 理由を読み取れ！）
- → 各選択肢の理由が説明されているブロックから横にザックリ見て選択肢を二つに絞れ！
- → 選択肢全体を見て確認。解答を最終決定。

NO（行動が書かれることが多い）→

- **心情を文脈から読み取らせる問題**
  登場人物の理由・行動から心情を導け！
- → 本文に戻って、傍線部付近に理由が説明されている箇所を探す。（やみくもに答えを探すな！ 理由を読み取れ！）
- → 傍線部付近の理由と、傍線部の行動から登場人物の心情を推論。
- → 選択肢全体を見て確認。解答を最終決定。

では、ミッションに戻ります。

現代語訳

　兵部卿の宮がよくよく御覧になると、白菊の歌を書いた筆跡は、たった今思い出しなさった人が、（かつて別れのときに）「草の庵《いおり》」と書き残したときの筆跡と見間違えるはずがなく同じものであったが、あまりはっきりしないので、「いろいろな筆跡があるなあ。誰々のものなのだろう」などと、さりげない様子で質問なさるのだが、（姫君は）ちょっと横を向いていらっしゃるので、（宮は）小さい童女で姫君の御前にお仕えしていた子を、「この絵は誰が描いたのか。正直に言ったら、私もたいそう上手に描いて見せよう」とその気にさせると、（童女は）「この菊は姫君がお描きになりました。『本当に下手だ』とおっしゃって墨で塗りつぶしなさったので、困って、按察使の君が、この歌を書き添えなさったのです」と説明申し上げるので、姫君は「本当に出過ぎたことをして」と、恥じらいなさる。

「理由」をチェック！

　傍線部「恥ぢらひおはす」の主語「姫君」の直前を見てみよう。「語り聞こゆれば」という「已然形＋ば」（～ので）があるね。そうすると、解答の根拠は、「童女」が宮にペラペラと話してしまったということになるね。こうやって大筋を決めて選択肢チェックをしてみよう。今回のポイントは「第1ブロック」だよ。

① 宮に会うのを嫌がっている按察使の君の様子が気の毒なので、長々と引き止めてしまった自分を恥じている。

② 按察使の君の見事な筆跡に君が目を奪われているのを見て、自分が描いた絵のつたなさを恥ずかしく思っている。

③ 白菊の絵をめぐるやりとりを童女が進んで宮に話してしまったので、自らの教育が行き届かなかったと恥じている。

④ 配慮を欠いた童女のおしゃべりのせいで、自分たちのたわいない遊びの子細を宮に知られて恥ずかしく思っている。

⑤ 白菊の絵を置き忘れた按察使の君の行動が不注意にすぎるので、自分の女房として恥ずかしいと思っている。

「童女が話してしまった」というたった一つのことを持ち込んで選択肢を見るだけで、全然違うでしょ？　**「何も考えないで答えを出そうとするな！」**とはこういうことです。そもそも「童女」を理由にしている選択肢は③と④だけだね。

因果関係で本文をより深く読める

ここまではOKかな？　ここでもう一度、6時間目の注意点に戻ろう。そう、「**登場人物の心情を読者が勝手に想像しちゃダメ！**」だった。

どうして童女は、宮に絵遊びの内容を話してしまったのだろうか。現代語訳でチェックするよ。

（宮は）小さい童女で姫君の御前にお仕えしていた子を、「この絵は誰が描いたのか。正直に言ったら、私もたいそう上手に描いて見せよう」とその気にさせると、（童女は）「この菊は姫君がお描きになりました。『本当に下手だ』とおっしゃって墨で塗りつぶしなさったので、困って、按察使の君が、この歌を書き添えなさったのです」と説明申し上げるので、姫君は「本当に出過ぎたことをして」と、恥じらいなさる。

童女がペラペラとしゃべってしまったのは、宮が話すようにしむけたからだということがわかる。

宮が、「正直に言ったら、私もおもしろい絵を描いてあげるよ〜」と童女をそそのかしたので、童女はうっかりしゃべってしまったというわけだ。

~~③~~ 白菊の絵をめぐるやりとりを童女が進んで宮に話してしまったので、自らの教育が行き届かなかったと恥じている。

④ 配慮を欠いた童女のおしゃべりのせいで、自分たちのたわいない遊びの子細を宮に知られて恥ずかしく思っている。

そうなると、③は「進んで」という点がおかしい。童女が積極的に話したのではなく、宮の作戦によって話してしまったわけなんだ。正解は④だね。**最後の二つに絞った後は、これくらい細かい読みをしなくてはいけないよ。**

さあ、これで**因果関係に着目することの重要性**をわかってもらえただろうか。

文脈から心情を読み取る問題

よし、ではもう一問やっておこう。長文の最後のほうなので、わかりづらいかもしれないから、ここでは現代語訳を参考に解いてみよう（もちろん本番では自力で読まなきゃいけないんだけど、ここでは解法に集中してほしいので、読解の話は脇に置いておきます。単語力などは、巻末付録を活用して吸収してくださいね）。

10 ミッション

次の問いに答えよ。

制限時間 7分

次の文章は『松陰中納言物語』の一節である。東国に下った右衛門督《うえもんのかみ》は下総守《しもうさのかみ》の家に滞在中、浦風に乗って聞こえてきた琴の音を頼りに守の娘のもとを訪れ、一夜を過ごした。以下の文章は、それに続くものである。これを読んで、後の問いに答えよ。

母君は、忍びますらんも心苦しからむとて、右近を召して、「今宵、殿の渡り給はんぞ。よくしつらひ給へ。行く末、頼もしきことにてあるなれば」とのたまはすれば、されば よ、今朝よりの御ありさまも、昨日の楽を弾き替へ給ひしも、心もとなかりつればとて、かくとも言はで、几帳《きちやう》かけ渡し、隈々《くまぐま》まで塵《ちり》を払へば、「蓬《よもぎ》生《ふ》の露を分くらむ人もなきを、さもせずともありなん」とのたまへれば、「蓬の露は払はずとも、御胸の露は今宵晴れなんものを」とうち笑へば、いと恥づかしと思す。

現代語訳

母君は、（女君が右衛門督との恋愛を）これ以上隠しているようなこともつらいだろうとお思いになり、（女君に仕える侍女の）右近をお呼びになって、「今夜、殿がおいでになるでしょうよ。十分に整えなさい。将来、楽しみなことであるようだから」とおっしゃると、（右近は）思ったとおりだ、（女君の）今朝からのご様子も、昨日の互いに楽曲を弾き合わせなさったことも、気がかりだったので（納得がいった）と思って、右衛門督の訪れの準備だとも言わないで、几帳を一面に掛けて、隅々までほこりを払って掃除をすると、（女君は）「生い茂る蓬の露を分け入って訪ねて来るような人（＝男性）もいないのだから、そこまで（掃除を）しなくともよいでしょう」とおっしゃったので、（右近は）「蓬の露は払わなくても、（あなた様の）お胸に掛かっている露は今夜きっと晴れるでしょうに」と言って笑うと、（女君は）たいそう恥ずかしいとお思いになる。

問 傍線部「蓬の露は払はずとも、御胸の露は今宵晴れなんものを」とあるが、この言葉には右近のどのような気持ちがこめられているか。その説明として最も適当なものを、次の①～⑤のうちから一つ選べ。

難易度 ★★★☆☆

① 訪ねてくるかわからない人を思って掃除までしなくてもよいと言う女君に対して、部屋の塵は払えなくても心配事は払うことができると明るく励ます気持ち。

② 踏み分けられないほど蓬が茂った庭を恥ずかしがる女君に対して、庭の手入れまで手が回らなくても、きちんと部屋を掃除しているから大丈夫と慰める気持ち。

③ 訪ねてくる人もいないのになぜ掃除するのかと不思議がっている女君に対して、今夜はお客さまの右衛門督が訪れるから必要なのだと安心させる気持ち。

④ 誰も来るはずはないから掃除の必要はないのにと言う女君に対して、右衛門督の訪れをひそかに待っている女君の心はわかっているとからかう気持ち。

⑤ 露に濡《ぬ》れた蓬を分けて訪れる人もないのにとすねる女君に対して、右衛門督を思って沈んでいる女君の胸の内を晴れやかにするための掃除なのにと反発する気持ち。

この傍線部は、モロに心情を表現したところではない部分に引かれているところが、ミッション⑨と違っているね。このタイプの設問もしっかりやっておこう。

まずは、**理由をチェック**だ！　現代語訳を見ながらやってみよう。

（右近が）隅々までほこりを払って掃除をすると、（女君は）「生い茂る蓬の露を分け入って訪ねて来るような人（＝男性）もいないのだから、そこまで（掃除を）しなくともよいでしょう」とおっしゃったので、（右近は）「蓬の露は払わなくても、（あなた様の）お胸に掛かっている露は今夜きっと晴れるでしょうに」と言って笑うと、

ここからまず、傍線部の右近の発言の理由は、直前の女君の発言「**訪ねて来る男性もいないのだから、そこまで掃除をしなくともよいでしょう**」になっていることがわかる。これが**理由**だ。すぐに選択肢を見よう。

① 訪ねてくるかわからない人を思って掃除までしなくてもよいと言う女君に対して、部屋の塵は払えなくても心配事は払うことができると明るく励ます気持ち。

② 踏み分けられないほど蓬が茂った庭を恥ずかしがる女君に対して、庭の手入れまで手が回らなくても、きちんと部屋を掃除しているから大丈夫と慰める気持ち。

③ 訪ねてくる人もいないのになぜ掃除するのかと不思議がっている女君に対して、今夜はお客さまの右衛門督が訪れるから必要なのだと安心させる気持ち。

④ 誰も来るはずはないから掃除の必要はないのにと言う女君に対して、右衛門督の訪れをひそかに待っている女君の心はわかっているとからかう気持ち。

⑤ 露に濡れた蓬を分けて訪れる人もないのにとすねる女君に対して、右衛門督を思って沈んでいる女君の胸の内を晴れやかにするための掃除なのにと反発する気持ち。

①②⑤は直前の女君の発言を踏まえていないのでおかしい。③と④に絞ろう。

では、③「安心させる気持ち」、④「からかう気持ち」のどちらだろうか？

スゴ技16 のフローチャート（↓095ページ）で示したように、**心情が直接表現されていない問題のときは、登場人物の理由・行動から心情を推論しなくてはいけない**んだ。

（右近は）「蓬の露は払わなくても、（あなた様の）お胸に掛かっている露は今夜きっと晴れるでしょうに」と言って笑うと、（女君は）たいそう恥ずかしいとお思いになる。

右近の「行動」（笑う）　女君の「心情」（恥ずかしい）

傍線部の後は主語が変わって、女君の心情（＝「いと恥づかし」）が書かれているね。この心情を、先ほどの**理由**↓**心情**↓**行動**のパターンでとらえてみると、

〈右近〉
- **理由**　女君の発言「掃除しなくていいわよ」
- ↓ **心情**　傍線部
- ↓ **行動**　笑った

↓

〈女君〉
- **理由**　右近が笑った
- ↓ **心情**　恥ずかしい…
- ↓ **行動**　（なし）

そう、つまり**右近の「行動」が、そのまま女君の心情の理由となっている**ね。女君に「恥ずかしい…」と思わせるようなことを右近が言ったと推論できるから、正解は④の「からかう気持ち」だ。

心情把握問題のコツは、**出題意図を十分に考えて解答しなければいけない**こと。そして、**因果関係を考えることは、本文を深く読み取ることにつながっていくよ。**過去問をやるなどトレーニングを積んで、得点源にしちゃってくださいね。

1時間目 2時間目 3時間目 4時間目 5時間目 6時間目 7時間目 8時間目 9時間目 10時間目

7 時間目

「和歌問題」の必勝ポイントはココだ！

センターで和歌からは逃げられない！

受験生が古文で最も苦手としているのは、和歌じゃないだろうか。たしかに、予備校でも「和歌が苦手で……」と相談にくる受験生は多い。

でもセンターの「和歌問題」は、選択肢を効率的に見極めるスゴ技（⬇083ページ）を学んだのだから、正解までの道のりはそう遠くない。和歌解釈のポイントをおさえ、トレーニングをつめば、必ずあっという間に正解を出せるようになる。

苦手なものを避けて通りたいという気持ちはわかります。でも、**センター古文では和歌が出題される年が圧倒的に多い**んだ。「和歌は必ず出題される」くらいの心構えで対策を立てたほうが絶対トクだよ。しかも、国公立二次試験や難関私大でも、和歌はこれでもかというくらい出題されるから、ここでしっかりやっておけば、一度の勉強で二度も三度もオイシイ。圧倒的優位に立てるはずだ。

じゃあ、この時間はいっちょ気合いを入れて、「和歌への対処法」を基本の基本からやってみよう。いままで和歌から逃げていた人も、丁寧に対処法を学んでいけば、きっとできるようになるよ。

和歌は和歌から考えるな！

では、和歌解釈はどこからスタートすればいいのか。そこから説明しよう。

ズバリ、和歌は和歌から考えるな！

えっ、和歌の解釈をするんじゃないの？

勘違いしないでほしい。**和歌は、「誰が」「誰に」「どんな状況で」詠んだものかを把握しないで解釈に突入すると、ものすごく難しいんだ。** まずは、周辺の情報を固めるのが大事だ。

そして、「五・七・五・七・七」って五つの句に分解した後、**句切れを確認する**。意味上どの句のおしまいで切れているのかを把握する作業です。これをすることで、和歌に「。」をつけて、**普通文に接する意識で読めるようになるよ。** 必ずやってね！

注意点は、「**句切れはリズムで考えるな**」ということ。**文法的に句点が打てる箇所を探す。**

つまり、「**終止形**」「**命令形**」「**終助詞**」「**係り結びの『結び』**」を探すんだ（なお、句切れは一か所とは限らない。また、「句切れなし」もあるよ）。

最後に、具体的な修辞について考えればいい。センターでは、「**掛詞**《かけことば》」「**枕詞**《まくらことば》」「**序詞**《じょことば》」「**縁**《えん》**語**《ご》」をおさえておけばOK。それぞれについて、詳しくは後で説明しよう。

「和歌が出た！」って身構えて、文脈も句切れも無視していきなり修辞から考える人がいるけど、それはナンセンス。じつは、和歌の解釈で悩んでいる人は、和歌そのものがわからないというより、**この手順を無視してムリヤリ解釈しようとしている人が大半**です。前後の文脈も知らない、和歌の構造も把握していない、これじゃあ正しく解釈するのは無理だよ〜。わかりやすいところから攻めていこう。手順をまとめておきます。

スゴ技 17

和歌の解釈は次の手順で解け。

①和歌は和歌から考えるな！

↓直前・直後の文脈を確認（特に直前は必ずおさえよ！）

（「誰が」、「誰に」、「どんな状況で」、詠んでいるのかをしっかりチェック！）

②普通文に改造せよ！

（「終止形」「命令形」「終助詞」「係り結びの『結び』」などの下に句点「。」を打つ）

③最後に、修辞について考えよ！

（「掛詞」「枕詞」「序詞」「縁語」をつかむ）

句切れがわかれば和歌解釈に一歩近づける

では、「**句切れ**」をちょっと練習しておこう。次の和歌は何句切れかわかるかな？

① 人はいさ　心も知らず　ふるさとは　花ぞ昔の　香ににほひける

② 都をば　霞《かすみ》とともに　たちしかど　秋風ぞ吹く　白河《しらかは》の関

③ 心あらむ　人に見せばや　津《つ》の国の　難波《なには》わたりの　春のけしきを

全部三句切れだと思った人はリズムでやっているよ。「**句切れはリズムで考えるな**」だったね。

① 人はいさ　心も知らず。／ふるさとは　花ぞ昔の　香ににほひける

終止形！

訳 人はさあ、どうだか気持ちはわからない。（でも）昔なじみのこの土地では、花が昔のままの香りを放っていることだよ。

この歌には、打消の助動詞「ず」の**終止形**が二句末にあるね。よって**二句切れ**。

② 都をば　霞とともに　たちしかど　秋風ぞ吹く。／白河の関

係り結び！

訳 都を春の霞が立つとともに出発したが、早くも秋風の吹く季節となってしまったことだ。この白河の関に来てみると。

この歌では、係助詞の「ぞ」と四句末の「吹く」が**係り結び**になっているね。よって**四句切れ**。

③ 心あらむ　人に見せばや。／津の国の　難波わたりの　春のけしきを

終助詞！

訳 情趣を解する人に見せたいものだ。ここ津の国の難波あたりの春のありさまを。

この歌には、**終助詞**「ばや」が二句末にあるね。よって**二句切れ**。
どうだい？ 句切れを意識するだけで、難しそうな和歌も普通に見えてきたでしょう？
では、和歌をもうちょっと深く学んでみよう。

「景」と「情」の両面から考えよう

和歌を解釈するうえでおさえてほしいことが一つ。和歌には、**自然の景物などを表す**「景」と、**心情やメッセージを表す**「情」にあたる内容とが結びついてできているものが多いんだ。だから、**表面的に描かれている**「景」**の奥にある**「情」**は何かな？って考えることが特に大事**。だからこそ スゴ技17 の①で言ったように、「**和歌の直前・直後の文脈**（＝**誰が、誰に、どんな状況で**）**をしっかり把握する**」ことが大切なんだ。和歌が詠まれるいきさつが理解できていないと、「情」の把握が難しい。そこまでの登場人物の「情」を理解せずに和歌に突入したって苦戦するに決まっています。

そして、受験生を悩ます「和歌の修辞」も、この「景」と「情」に関係しているものが多い。まず、和歌に含まれるこの「景」「情」の両面を意識しながら読み解く習慣をつけよう。

スゴ技18

和歌は「景」と「情」の両面から考えよ！

⬇そのために、「誰が」「誰に」「どんな状況で」詠んだものかという直前の文脈把握が絶対必要！

頻《ひん》出《しゅつ》の修辞「掛詞」

さあ、それでは具体的な和歌の修辞を紹介しましょう。まずは掛詞から。

「掛詞《かけことば》」**とは、同音異義語を使って、一つの言葉に複数の意味をもたせる修辞のこと。**複数の意味をもっているわけだから、訳すときにはすべての意味を訳出しないといけないんだ。和歌の修辞の中では最もオーソドックスな修辞なので**設問に絡んでくる可能性大だ。**必ずマスターしよう。

「う～ん、掛詞の定義は知ってるんだけど、和歌の中にあるとパッと気づかないんだよね～」という人にアドバイス。掛詞を発見するコツをつかむんだ。

①頻出掛詞をおさえておく

掛詞って、同じようなものがあちこちの和歌で「使い回し」されていることが多いんだ。だから、**よく出る掛詞をチェックしておく**のは賢い方法だよ。「頻出掛詞」は、どの文法書にも、高校で使われている「国語便覧」にも載っている。ザッと目を通しておくのがオススメ。巻末付録に、僕が暗記をオススメする必修掛詞を15個厳選して挙げておきます。本番までに覚えてね！

また、高校や予備校での授業で扱ったもの、模試や問題集で登場したものは記憶に残りやすい。せっかくだから覚えてしまおう。そのとき覚えた掛詞が、本番で出るかもしれないよ。

②ひらがなの語句に着目してみる

複数の意味をもつため、掛詞になっている語句は**ひらがなで表記されている**ことが結構多い。次の和歌を例にしてみよう。

> 秋の野に　人まつ虫の　声すなり　我かと行きて　いざとぶらはむ
>
> 訳 秋の野に人を待つ松虫の声がするようだ。私を待っているのかと、行ってさあ尋ねよう。

この**「まつ」は、「待つ」と「松」の掛詞**。異なる二つの漢字があてはまる「まつ」だから、ひらがな表記にしてあるんだ。

もちろん、助詞や助動詞はひらがなに決まってるから、名詞を中心にチェックするといい。

ただし、必ずひらがなで表記されているわけではないので注意。ヒントにするくらいのつもりで考えてね。

③「転換型」掛詞に注意！

掛詞のパターンとして、ぜひ知っておいてほしいのがコレ。

次の和歌を例に考えてみよう。

> 霞立ち木の芽もはるの雪降れば花なき里も花ぞ散りける
>
> 訳 霞が立ち木の芽もふくらむ春の季節に雪が降ると、まるでまだ花の咲かないこの里にも花が散っているようだなあ。

この和歌は、こういう構造になっているんだ。

霞立ち木の芽も［はる］の雪降れば花なき里も花ぞ散りける
（はる → 張る／春）

「木の芽もプックリふくらんで張る」という内容と、「春の雪が降る」という内容があるのがわかったかな？　**このニつの文脈を架け橋のようにつなぎながら、文脈を転換しているのが「はる」という掛詞だ。**これを踏まえて、両方の意味を訳出しながら、解釈すればOKだ。

④「語と語が完全一致」しなくてもOK

たとえば、「生野《いくの》」という掛詞には「**生野**」と「**行く**」という意味が掛けられる。このように、**片方の意味が、語の一部だけに掛かるもの**もあるんだ。

また、「**流る**」と「**泣かる**」（「泣く」＋助動詞「る」）のように、**二語以上にまたがってもよい**。さらに、この例でもわかるように、「**なかる**」と「**ながる**」は**清音と濁音《だくおん》の違いはあるけど、これも掛詞と認められる**。つまり、掛詞って、別に「完全一致」してなくても許されるわけだから、頭を柔らか～くして考えよう。

⑤固有名詞に注意！

最後に、**最も警戒したいのが固有名詞、特に地名だ。**直前で話題になっている地名や人名があったら絶対にチェックすること。つまり、スゴ技17 ①「和歌の直前・直後の文脈をしっかり把握する」のが重要だということ！

> 大《おほ》江《え》山《やま》　いく野の道の　遠ければ　まだふみも見ず　天《あま》の橋立《はしだて》
>
> 訳 大江山を越えて生野へ行く道が遠いので、天の橋立はまだ踏んでみたことがなく、（母からの）手紙もまだ見ていません。

地名「生野」の「いく」の部分に「行く」が掛かっているんだ。「いく野」と「いく」がひらがなで書かれているのは、②で説明した通り。

なお、この歌にはもう一つ掛詞がある。「**ふみ**」が「**踏み**」と「**文**（手紙）」の掛詞になっているんだ。

スゴ技19

掛詞を発見せよ。

①頻出掛詞をおさえておく。
（「使い回し」が多いので、付録や文法書にある一覧にザッと目を通しておくとよい）

②ひらがなの語句に着目してみる。
（ただし、必ずひらがなで表記されているわけではないので注意！）

③「転換型」掛詞に注意！
（意味の流れがオカシイ箇所に注意！）

④「語と語が完全一致」しなくてもOK。
（語の一部だけを掛けたり、二語以上にまたがっていてもOK。清音・濁音の違いも許容）

⑤固有名詞に注意！
（特に「地名」は掛詞になることが多い！）

では、掛詞のポイントをつかめたら、掛詞を指摘できるかどうか練習してみよう。

11 ミッション

次の問いに答えよ。

制限時間 1分

難易度 ★☆☆☆

問 次の和歌の掛詞を説明せよ。

（男の来訪が途絶えて、恨みがましい気持ちを詠んだ女の歌）

人心あきのしるしの悲しきにかれ行くほどのけしきなりけり

枕詞は知識問題

文脈は「男女の別れ」。これを踏まえれば「**秋／飽《あ》き**」「**枯れ／離《か》れ**」という「必修掛詞」を使って詠んでいることがわかるよね。

スゴ技18

「和歌は『景』と『情』の両面から考えよ！」を思い出してほしい。**男に対する恨みがましい気持ち**（＝「情」）**を、秋の枯れ行く景色**（＝「景」）**と重ね合わせて詠んでいるよね。**こういうふうに和歌を見つめることができたら、わかってきた証拠だよ。答えは、「『あき』が『秋』と『飽き』、『かれ』が『枯れ』と『離れ』の掛詞になっている」。

訳 季節は秋になり、あの方の心も私に飽きてしまったような兆しが悲しく思われるが、草木が枯れていくように、あの方も私から離れていく様子であるなあ。

じゃあ次は「**枕詞**《まくらことば》」にいこう。「**枕詞**」とは、**ある語句を導くために前に置かれる語で、五音のものが多い**。調子を整えるために置くものだから**特に訳さないでいいんだ**。たとえば、「あかねさす」は「日」を導く枕詞。「くさまくら」は「旅」を導く枕詞だ。どちらも訳出されることはない。「キング｜カズ」や、「ゴジラ｜松井」などと似ている感覚だね。「カズ」や「松井」を口にするときに自然に頭につけてしまうもの、つけるとなんとなく調子がいいもの、枕詞ってこんな感じのものだって考えればいいんです。

センターでは、枕詞が出るとしたら和歌の修辞についての説明問題に絡んでくる程度。解釈は不要なので、有名なものだけをザッと巻末付録に挙げておきます。

縁語は掛詞と密接な関係！

「**縁語**《えんご》」とは、**和歌の中に、いくつかの密接なつながりをもつ語**（＝**縁**《ゆかり》**のある語**）**を散りばめておく修辞**です。ある一つの名詞を中心として、関連語が和歌の中にあるって考えるとわかりやすいよ。そして、**掛詞となっている語の一方の意味が縁語になっていることが多いん**だ。

次の和歌を見てみよう。掛詞に気づくかな？

いづくにか　今宵《こよひ》は宿を　かり衣《ごろも》　ひもゆふ暮れの　峰の嵐に

そう、宿を「かり」「かり衣」となっているから、「借り」と「狩衣《かりごろも》」の掛詞だとわかるね。

それから、「ひもゆふ暮れ」は、「日も」「夕暮れ」の意味だとわかるね。じつは、この「日も」に「紐《ひも》」が、「夕」に「結《ゆ》ふ」が掛かって、掛詞になっているんだ。どうしてそれがわかるかというと、「狩衣」という名詞を中心に、「紐」や「結ふ」という「**衣服に縁のある語**」が和歌中に散りばめられていると考えられるからなんだ。

これが「縁語」で、**和歌全体がオシャレに「イメージ統一」されている**わけ。ザックリ言うと、同じようなつながりをもつ語を散りばめて、まとまったオシャレなイメージを作り出すのが縁語だと考えておけばOK。

狩衣　紐　結ふ　⬇**縁語!**

いづくにか今宵は宿を[かり衣][ひも][ゆふ]暮れの峰の嵐に

借り　日も　夕

スゴ技20

掛詞の一方の意味が縁語になっていることが多い。

⬇センターで縁語が出題されたら、掛詞の箇所に着目せよ！

訳に注意！

ここでちょっとアドバイス。掛詞を全部訳にモリモリ盛り込んでこの和歌を解釈しようとすると、何を言っているかわけのわからない訳になってしまわないだろうか？

「今夜はどこに宿を借りて狩衣の紐を結び日も夕暮れになった……」なんて訳したらわけがわからない！　これはどういうこと？　掛詞って両方の意味を訳すんじゃないの？

そう、掛詞の一方が縁語になっている場合は、**縁語になっているほうは無理に訳さなくてもいい**のです。この和歌で言うと、「狩衣」「紐」「結ふ」は、縁語になって和歌のイメージをオシャレにしてお仕事終了、と考えておこう。だから、意味（解釈）の世界には持ち込まないってわけ。

「どこに今夜は宿を借りたらよいのだろうか。もう日も夕暮れになり、峰には嵐が吹き荒んでいるのに」と解釈しておけばOK！

最後の難敵「序詞」

最後に、「序詞」を紹介しよう。

「序詞《じょことば》」とは、歌で訴えたい「情」の部分をより鮮やかに強調するための「序」（イントロ、前フリ）**になるもの**なんだ。ある語句を強調して導き出すんだけど、枕詞と異なり音節数が決まっていない（普通は**七音以上**だと思ってください）。

また、枕詞は特定の結びつく語が決まっていた（＝覚えればOKだった）。だけど、序詞は詠み手が自由に創作することができ（つまり**枕詞のように暗記はできない**）、**しかも訳出する必要があるんだ。**

センターでは、「この和歌についての説明として正しいものを選べ」なんて、修辞を問われることだってある。序詞も対策が必要だ。

序詞には三種類ある。それぞれ例を挙げながら解説しよう。

①比喩《ひゆ》で導き出す「比喩型」

あしひきの　山鳥の尾の　しだり尾の　長々し夜を　ひとりかも寝む

この和歌で訴えたいことってなんだろう。山鳥のシッポのこと、じゃないよね。それは「景」だ。**訴えたいこと**（＝「**情**」）**は、後半の「長い長い夜をわびしくひとりで寝るのが寂しい！」だね**。この「情」へ切り替わる部分の最初「長々し」を強調するときに、**「比喩」を使って訴えるパワーを大きくしている**。現代だと「象さんの鼻」「キリンさんの首」だろうか。古文の世界では、「山鳥のだらんと垂れ下がった尻尾」になるわけ。

あしひきの　山鳥の尾の　しだり尾の　長々し夜を　ひとりかも寝む

「景」＝序詞　強調！　和歌で訴えたい「情」

訳 山鳥のあの垂れ下がった尾のように、長い長い夜をただ寂しくひとりで寝るのかなあ。

②音を重ねて導き出す「同音繰り返し型」

駿河《するが》なる　宇津《うつ》の山べの　うつつにも　夢にも人に　あはぬなりけり

この和歌の「情」は何だろう。そう、これも**後半の部分、「現実（うつつ）でも夢でも恋しい人に会えないんだ」という部分**。ちょっと切ない「情」だ。

序詞が含まれる和歌の場合、**前半に前フリの「景」（つまりこの部分が「序詞」）、後半にメインである「情」（和歌で訴えたいこと）という構造になる**よ。これをつかんでおくとわかりやすい。

この「うつつ」の部分を引っ張り出してくるために、「宇津」という語（地名）を置いて、**音の繰り返しによる強調**を狙ったのがこのタイプ。現代だと、某CMの「ぐるぐるぐるぐるグルコサミン」♪ってあるでしょ？　あれも「同音繰り返し型」だよ。

「景」＝序詞　強調！　和歌で訴えたい「情」

駿河なる　宇津の山べの　うつつにも　夢にも人に　あはぬなりけり

訳 駿河の国にある宇津の山、そのうつつ（現実）にも夢の中でもあなたに会わなかったことだよ。

③掛詞で導き出す「掛詞型」

風吹けば　沖つ白波　たつた山　夜半にや君が　ひとり越ゆらむ

「序詞」の最後は、掛詞を使って導くタイプのものだ。

この和歌の「情」は何だろう。後半の部分に注目しよう。「**龍田山《たつたやま》を夜中にいまごろあなたが一人で越えているのだろうか**」って、**妻が夫を心配している歌**なんだ。この「龍田山」の部分を強調して引っ張り出してくるために、**「（白波が）立つ」という掛詞を使っているんだ。**

「景」＝序詞　強調！　和歌で訴えたい「情」

風吹けば　沖つ白波　たつた山　夜半にや君が　ひとり越ゆらむ

訳 風が吹くと沖の白波が立つ、その「立つ」ではないが、龍田山を夜中にいまごろあなたが一人で越えているのだろうか。

3タイプある「序詞」はわかったかな？

まとめると、序詞というのは、和歌で訴えたいこと（＝「情」）を直接表したものではなく、**「強調したい『情』を導き出す働きをしている部分」**だって考えちゃえばいい。

そして、「序詞」の部分は結局「景」なのだから、**和歌全体の「情」を把握するためには、後半部分で訴えていることをちゃんと捉《とら》える必要がある。**だから、センターで序詞が含まれる和歌の主旨を問われたら、和歌の後半が要注意だ。**後半の「情」を説明した選択肢を選ばないといけない。**くれぐれも、「景」である「序詞」を「訴えたいこと」だと勘違いしないように。

スゴ技21

序詞は「和歌で強調したい『情』を導き出す前フリ」と心得よ。

①比喩で導き出す「比喩型」
②音を重ねて導き出す「同音繰り返し型」
③掛詞で導き出す「掛詞型」

➡和歌の主旨を問われたら後半が要注意だ。「情」を説明した選択肢を選べ！

和歌もこれだけやれば大丈夫。何度も読み返して和歌に強くなれば、ここは差をつけられるチャンスだよ。

この時間は和歌に関する必要事項をふんだんに説明しました。内容が把握できれば、いままで学んだ選択肢を見破る「スゴ技」と組み合わせることで正解に近づけるよ。

あと少し、がんばろう！

9 時間目

「全体把握問題」は消去法で確実に！

問6はいままでのスゴ技が通用しない！

いよいよ最後の設問である問6の解法を研究しましょう。問3～問5が「部分把握」であったのに対し、**問6は「全体内容の把握」を問う、いわばセンター古文のラスボス的な存在。**

部分把握問題を解くときは、「選択肢をブロックごとに分解せよ！」と5時間目で学びましたね。ところが、問6ではそうはいかないんです。

出題例を見てみましょう。

問 この文章の内容に関する説明として最も適当なものを、次の①～⑤のうちから一つ選べ。

① 三条殿は、心変わりしてしまった大将殿に絶望して実家に戻り、おとどと語ることで、やっと「少しもの思ひ晴るけどころ」を見つけ、もはや大将殿とは暮らせないと、このまま別れる決心をした。

②おとどは、三条殿のことを心配して、大将殿に「消息たびたび聞こえ」たが、大将殿は全く返事をしないので、「かたくなしう軽々しの世や」と、大将という立場にそぐわない軽薄さを不愉快に思った。

③大将殿は、三条殿の家出を知り、三条殿父娘の短気で派手な性格を考えると、「ひがひがしきこと」をしでかしかねないと驚いて、「暮らしてみづから参り給へり」と、すぐさま大殿へ迎えに行った。

④三条殿は、強気に帰宅を拒みながらも、思い切りのよい「すがすがしき御心」の大将殿ならば、ここにいる子どもたちまでも自分の手の届かない場所に連れて行ってしまいかねず、「あやふし」と危惧《きぐ》した。

⑤大将殿は、説得に耳を貸さない頑固な三条殿の手もとで育つことになる姫君の将来を心配して、「母君の御教へにな叶ひ給うそ」などと、せめて教訓を言い聞かせることで、父の役割を果たそうとした。

選択肢の構成がそろっていない！

この選択肢のどこを「横読み」すればいいのだろうか。ちょっとわからないね。

そう、考えてみてほしい。根本的に、これまでの設問は傍線がつけられているのが大前提だった。傍線部について心情を考えたり、解釈したり、説明したりすることが求められてきたんだ。

でも「ラスボス」である**問6は傍線がついていない**。傍線をつけずに「さあ、いままで読んだ内容全部と合ってるもの（or合っていないもの）を一つ選んでみろ〜」という設問だから、**選択肢一個一個を精密に吟味《ぎんみ》しなくてはいけない**んだ。その意味で、この問題は時間のかかる問題、時間をかけないと解けない問題だと言える。**時間が勝負のセンターにおいて、最強の難敵だ。**

では、その「最強の難敵」を打ち破るための「スゴ技」を紹介しよう。

スゴ技22

問6（全体把握問題）は次の手順で解け。

①選択肢を読解前に見るな！
②消去法で解け！——間違い探し
③選択肢全体の「印象」を評価して解くな！
④選択肢の「人物判定」を必ずやれ！
⑤必ず選択肢に「根拠メモ」を残せ！

一つずつ詳しく見ていこう。

①選択肢を読解前に見るな！

多くの参考書やインターネット上のブログ・動画でも、この「全体把握問題」については解答法をさまざまに提案している。中には、「本文を読む前に問6の選択肢を見て本文の大意をつかめ！」と書いてあるのもあるんだけど、僕はそれには賛成できない。本文を読む前に、誤った内容の選択肢を読んでしまうと、**誤った情報を頭に入れてしまって読解をミスリードする恐れがあるからだ。** **読解前に選択肢を読んでしまうのは絶対にやめよう。**

この問題は、書かれている本文の内容を真正面から捉《とら》えるのが最も正しいやり方なんだ。えっ、それじゃあスゴ技はないの？って思ったキミ、ちょっと待ってね。選択肢の目のつけ所はまだほかにもあるんだ。

②消去法で解け！――間違い探し

さっきも言った通り、選択肢を「横に読む」ことはできない。じゃあどうする？　一つ一つを吟味し、誤りの選択肢を排除していく「**消去法**」**で解くしかない**んだ。

ポイントは、**それぞれの選択肢が、本文中のどの箇所についての説明なのかを判断し、本文内容と違う箇所を探すこと**（**つまり「間違い探し」**）！　だから、「合致しないものを選べ」

のときは、間違っている選択肢を一つ見つければいい)。

③選択肢全体の「印象」を評価して解くな!

「間違い探し」をするときに、気をつけておきたい点が一つ。それは、**選択肢全体のフワッとした印象**(「ああ、こんなことが書いてあったな」「なんか違うような気がする」)**で○×判定をしないこと**。こんなやり方をしている人は、いつまでたっても点数が安定しないよ。

必ず細部の内容まで本文と照らし合わせるんだ。

手順としては、②で説明したように、まず選択肢自体が本文のどこに該当するのかを判断するんだ。このとき、**五つある選択肢は本文の流れに沿って、順番に配列されていることが多い**。だから、たとえば五つの段落で本文が構成されているとしたら、一つの段落に一つの選択肢というふうに作られていることが多いんだ。本文のどこについて説明している選択肢なのかを判断したら、その近辺を集中してチェックするといいだろう。

④選択肢の「人物判定」を必ずやれ!

③で説明したように、全体のフワッとした印象で解かずに、選択肢の細部まで必ず本文と照らし合わせて解くことが大事。じゃあ、どこを見ればいいんだろう?

ズバリ、選択肢内に書かれている人物が適切かどうかをチェックすること！　問6の選択肢って、なんとなく内容は合っているんだけど、**動作主体や会話文の話し手・聞き手にあたる人物がビミョ〜にすり替えられた**ダミー選択肢が多い。だから、全体のフワッとした印象でなんとな〜く解くと間違えちゃうわけ。

選択肢内にある人物が本当にその行動や発言をしたのかな？という視点をもって選択肢を見つめると、ダミーを見破れる場合が多い。

⑤必ず選択肢に「根拠メモ」を残せ！

さて、最後に日頃からの心がけをアドバイス。**切った選択肢・残した選択肢の該当部分に鉛筆で印をつけておく**ことをオススメする。そして、その脇に、簡単でいいから**根拠をメモしておく**といい。該当の行数や段落番号、判断理由のメモでも何でもいい。なぜかというと、

①全体の印象ではなく、細部を見ることが習慣化される。
②全部終わって、見直しをするときにすばやく該当箇所をチェックできる。
③見直しのときに判断がブレない。

全体把握問題で一番怖いのは、一度選んだ正しい答えをなぜ選んだのか忘れてしまって、**見直しのときに判断がブレて間違えた答えに選び直したり、迷いに突入してしまったりすることだ**。せっかく正解を選んだのに、見直しで答えを変えてしまい、後で「変えなきゃよかった〜」って経験ない？

でも、「根拠メモ」を残しておけば、自分がなぜその解答を選んだのかがわかるよね。見直しのときにすばやく該当箇所のチェックができるし、自分が判断した根拠がもし間違っていたとわかったら、解答の変更をすべきか冷静に判断できる。ぜひ過去問や模試で、いますぐ実践してね！

最高難度の過去問にチャレンジ！

あらためて、先ほど紹介した問題を使って「解き方」を身につけよう。過去のセンター試験で最高難度の問題だから、本文の後ろにつけた現代語訳を見ながらでＯＫ。制限時間は10分。**内容合致の解き方を体感してみよう。**

12 ミッション

次の問いに答えよ。

制限時間 10分

次の文章は『源氏物語』（夕霧の巻）の一節である。三条殿（通称「雲居雁《くもいのかり》」）の夫である大将殿（通称「夕霧」）は、妻子を愛する実直な人物で知られていたが、別の女性（通称「落葉宮《おちばのみや》」）に心奪われ、その女性の意に反して、深い仲となってしまった。以下は、これまでにない夫の振る舞いに衝撃を受けた三条殿が、子どもたちのうち、姫君たちと幼い弟妹たちを連れて、実家へ帰る場面から始まる。これを読んで、後の問いに答えよ。

三条殿、「限りなめり」と、「『さしもやは』とこそ、かつは頼みつれ、『まめ人の心変はるは名残なくなむ』と聞きしは、まことなりけり」と、世を試みつる心地して、「いかさまにしてこのなめげさを見じ」と思《おぼ》しければ、大殿(注1)へ「方違《かたたが》へむ」とて渡り給《たま》ひにけるを、女御(注2)の里におはするほどなどに対面し給うて、少しもの思ひ晴《は》るけどころに思されて、例のやうにも急ぎ渡り給はず。

大将殿も聞き給ひて、「さればよ、いと急にものし給ふ本性《ほんじやう》なり。このおとども(注3)、はた、おとなおとなしうのどめたるところさすがになく(注4)、いとひききりに、はなやい(注5)給へる人々にて、『めざまし、見じ、聞かじ』など、ひがひがしきことどももし出《い》で給うつべき」と、驚かれ給うて、三条殿(注6)に渡り給へれば、君たち(注7)も片《かた》へはとまり給へれば、姫君たち、さてはいと幼きとをぞ率《ゐ》ておはしにける、見つけて喜び睦《むつ》れ、あるは上(注8)を恋ひ奉りて愁へ泣き給ふを、「心苦し」と思す。

消息たびたび聞こえて、迎へに奉れ給へど、御返りだになし。「かくかたくなしう軽々しの世や」と、ものしうおぼえ給へど、おとどの見聞き給はむところもあれば、暮らしてみづから参り給へり。「寝殿(注9)になむおはする」とて、例(注10)の渡り給ふ方は、御達(注11)《ごたち》のみさぶらふ。若君たちぞ乳母《めのと》に添ひておはしける。

「今さらに若々しの御まじらひや。かかる人を、ここかしこに落とし置き給ひて、など寝殿の御まじらひは。ふさはしからぬ御心の筋とは年ごろ見知りたれど、さるべきにや、昔より心に離れがたう思ひ聞こえて、今はかくくだくだしき人の数々あはれなるを、『かたみに見棄《す》つべきにやは』と頼み聞こえける。はかなき一ふしに、かうはもてなし給ふべくや」と、いみじうあはめ恨み申し給へば、

「何ごとも、『今は』と見飽き給ひにける身なれば、今、はた、直《なほ》るべきにもあらぬを、『何かは』とて。あやしき人々は、思し棄てずは嬉《うれ》しうこそはあらめ」

と聞こえ給へり。

「なだらかの御答《いら》へや。言ひもていけば、誰《た》が名か惜しき」

とて、強《し》ひて「渡り給へ」ともなくて、その夜は独り臥《ふ》し給へり。

「あやしう中空(注12)《なかぞら》なるころかな」と思ひつつ、君たちを前に臥せ給ひて、かしこに、また、いかに思し乱るらんさま思ひやり聞こえ、やすからぬ心づくしなれば、「いかなる人、かうやうなること、をかしうおぼゆらん」など、もの懲《ご》りしぬべうおぼえ給ふ。

明けぬれば、「人の見聞かむも若々しきを、『限り』とのたまひはてば、さて試みむ。かしこ(注13)なる人々も、らうたげに恋ひ聞こゆめりしを、選《え》り残し給へる、『様《やう》あらむ』とは見ながら、思ひ棄てがたきを、ともかくも

もてなし侍《はべ》りなむ」と、威《おど》し聞こえ給へば、「すがすがしき御心にて、この君たちをさへや、知らぬ所に率て渡し給はん」と、あやふし。

姫君を、「いざ、給へかし。見奉りにかく参り来ることもはしたなければ、常にも参り来じ。かしこにも人々のらうたきを、同じ所にてだに見奉らん」と聞こえ給ふ。まだいといはけなくをかしげにておはす、「いとあはれ」と見奉り給ひて、「母君の御教へにな叶《かな》ひ給うそ。いと心憂く、思ひとる方なき心あるは、いと悪《あ》しきわざなり」と、言ひ知らせ奉り給ふ。

（注）
1 大殿――三条殿の父（本文では「おとど」）の邸宅。
2 女御――三条殿の姉妹。入内《じゅだい》して宮中に住むが、このとき、里下がりして実家（大殿）にいた。
3 おとど――三条殿の父。
4 いとひききりに――ひどくせっかちで。
5 はなやい給へる人々――派手にふるまって事を荒立てなさる人たち。「はなやい」は「はなやぎ」のイ音便。
6 三条殿――ここでは大将殿夫妻の邸宅を指す。
7 君たち――大将殿と三条殿の子どもたち。
8 上――三条殿。
9 寝殿――寝殿造りの中央の建物。女御の部屋がある。

10　例の渡り給ふ方――三条殿が実家でいつも使っている部屋。
11　御達――女房たち。
12　中空なる――落葉宮には疎まれ、妻には家出されるという、身の置き所のない様。
13　かしこなる人々――大将殿夫妻の邸宅（三条殿）に残された年長の息子たち。

人物関係図　主要登場人物は□で囲んだ。（　）内は通称。

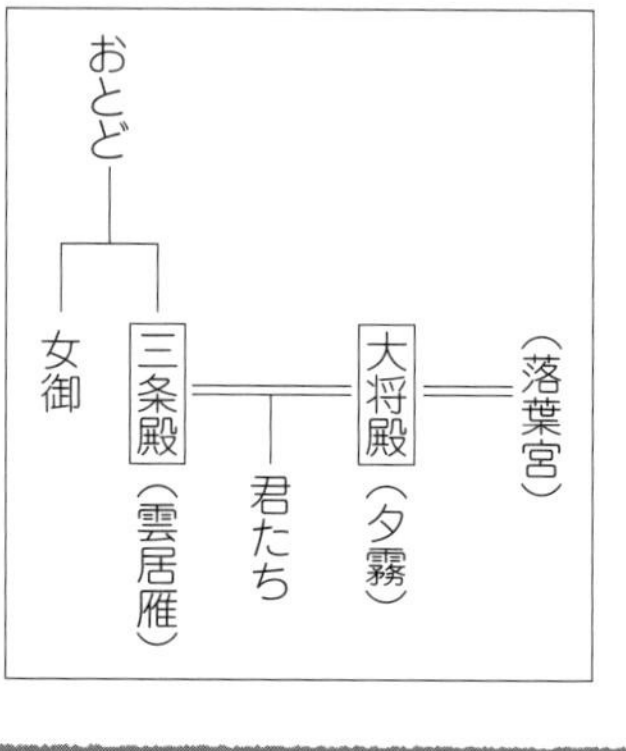

ここでは、現代語訳を先に読んで設問を解いてみよう。

現代語訳

三条殿は「(私たちの夫婦仲は)終わりのようだ」と思い、「『まさか私たちが終わってしまうことがあるだろうか、いや、ないだろう』と一方では信頼していたけれど、『まじめな人が心変わりをする場合は、すっかりもとの女性への気持ちはなくなってしまうものである』と聞いたのは、本当のことであったよ」と、夫婦仲というものを見届けた感じがして、「何としてでも夫によるこの侮辱《ぶじょく》を見ないようにしよう」とお思いになったので、大殿（＝おとどの邸宅）へ、「方違えをしよう」ということでお移りになってしまったが、（ちょうど）女御《にょうご》が内裏《だいり》から里帰りしていらっしゃるときにお会いなさって、少しは憂さが晴れるように自然と感じられ、いつものように急いで（三条殿に）お帰りにならない。

大将殿も、（三条殿が出て行ったのを）お聞きになって、「思った通りだ、（三条殿は）とても短気な性格でいらっしゃる。お父上のおとどもまた、大人らしく落ち着いたところがやはりなく、（二人とも）実にせっかちで、派手でいらっしゃる方々だから、『気にくわない。顔も見るまい、声も聞くまい』などと、ひねくれたことをしでかしてしまいそうなことだ」と、驚きにならずにはいられなくて、お帰りになると、子どもたちも、半分は屋敷に残っていらっしゃるので、―（三条殿は）姫君たち、その他にとても幼い男の子を連れて出て行きなさった―（残った子どもたちは）大将殿を見つけて喜んでまとわりつき、ある子は三条殿を恋い慕い申し上げて、悲しんで泣いていらっしゃるのを、（大将殿は）「かわいそうに」とお思いになる。

（大将殿は、三条殿のもとへ）手紙を頻繁に差し上げて、お迎えに人を差し向け申し上げなさるけれど、（三条殿は）お返事さえない。「こんなふうに、頑固で軽率な妻であることだよ」と（大将殿は）不愉快に思われなさるけれど、おとどが見たり聞いたりなさるようなことも懸念されて、日が暮れるまで待ってから、大将殿自身で大殿に参上なさった。「（三条殿は）寝殿にいらっしゃる」とのことで、いつも実家帰りのときに使う部屋は、女房たちだけがお控えしている。若君たちは、乳母《めのと》と一緒にいらっしゃった。

「今さらに大人げないお付き合いですね。このような子たちを、あちらやこちらに放って置きなさって、どうして寝殿で女御とのおしゃべりに興じていらっしゃるのですか。（あなたは私と）不似合いなご性格であることは、長年わかっていたけれど、そうなるはずの因縁でしょうか、昔より忘れがたく思い申し上げて、今ではこのように手のかかる子どもたちも大勢かわいらしくていらっしゃるのを、『お互いに相手のことを見捨てられようか。いや、できない』と、（あなたのことを）頼りにし申し上げていました。ちょっとした今回の一件（＝落葉宮とのこと）で、こんなふうに振る舞いなさってよいものでしょうか。いや、よくありません」と、ひどく軽蔑《けいべつ》してお恨み申し上げなさると、

（三条殿は）「何事も、『もはやこれまでだ』と（あなたが）見飽きてしまわれた身ですので、今さら、また、（自分の気性は）直るはずのものではないので、『どうして元に戻れるだろうか。いや、戻れない』と思いまして。出来の悪い子たちかもしれませんが、お見捨てにならなかったらうれしく思いましょうよ」とお答え申し上げなさった。

（大将殿は）「ずいぶん穏やかなお返事ですね。このまま言い争っていったなら、いったい誰が悪く言われるのでしょうね」と言って、強いて「お戻りください」と言うこともなく、（大将殿は）その夜は独りでお休みになった。

（大将殿は）「変に宙ぶらりんな最近だなあ（＝落葉宮には疎《うと》まれるし、妻には家出されるし）」と思っては、子どもたちを前に寝かしつけなさって、あちら（＝落葉宮）はまた、さぞかしお悩みになっていらっしゃるだろうとその様子をご想像申し上げ、穏やかでない気苦労なので、「いったいどのような人が、このようなこと（＝色恋沙汰《ざた》）を面白く感じるのだろうか」などと、懲《こ》り懲《ご》りになってしまいそうに感じなさる。

夜が明けてしまったので、（大将殿は）「人が見聞きしても大人げなくみっともないですが、『もう私たちの

夫婦関係は終わりだ』と（あなたが）おっしゃるならば、（私も）そのように思うようにしてみましょう。あちらにいる人々（＝二人の家に残された年長の子たち）も、いじらしい様子で（あなたのことを）恋い慕い申し上げているようでしたが、選び残しなさったのを、『（母に疎まれる）わけがあるのだろう』とは見ながらも、見捨てがたいので、（子どもたちのことは）どうなりともしましょう」と脅かし申し上げなさると、（三条殿は）「（大将殿は）思い切りのよい心で、こちらの子どもたちまでも、どこか知らないところへ連れていらっしゃるだろうか」と心配になる。

（大将殿は）姫君に「さあ、いらっしゃいよ。（あなたを）見申し上げに、このように（お母様のご実家に）参上しますのもきまりが悪いので、いつもは参上できないでしょう。あちら（＝もとの家）でも子どもたちがいとしいので、せめて同じところでお世話申し上げよう」と申し上げなさる。まだとても幼く、かわいらしくいらっしゃるのを、（大将殿は）「とてもかわいい」と見申し上げなさって、「母君のお言葉にお従いになってはなりませんよ。とても情けなく、物事の分別がつかない心をお持ちであることは、とても悪いことです」と、言い聞かせ申し上げなさる。

問 この文章の内容に関する説明として最も適当なものを、次の①～⑤のうちから一つ選べ。

難易度★★★★★

① 三条殿は、心変わりしてしまった大将殿に絶望して実家に戻り、おとどと語ることで、やっと「少しもの思ひ晴るけどころ」を見つけ、もはや大将殿とは暮らせないと、このまま別れる決心をした。

② おとどは、三条殿のことを心配して、大将殿に「消息たびたび聞こえ」たが、大将殿は全く返事をしないので、「かたくなしう軽々しの世や」と、大将という立場にそぐわない軽薄さを不愉快に思った。

③ 大将殿は、三条殿の家出を知り、三条殿父娘の短気で派手な性格を考えると、「ひがひがしきこと」をしでかしかねないと驚いて、「暮らしてみづから参り給へり」と、すぐさま大殿へ迎えに行った。

④ 三条殿は、強気に帰宅を拒みながらも、思い切りのよい「すがすがしき御心」の大将殿ならば、ここにいる子どもたちまでも自分の手の届かない場所に連れて行ってしまいかねず、「あやふし」と危惧《きぐ》した。

⑤ 大将殿は、説得に耳を貸さない頑固な三条殿の手もとで育つことになる姫君の将来を心配して、「母君の御教へにな叶ひ給うそ」などと、せめて教訓を言い聞かせることで、父の役割を果たそうとした。

難しいのは人物関係がわからないから

なんじゃこりゃああ！　全然わかんないぞ！と思ったキミ、心配しないで大丈夫。これは、さっきも言ったように、ここ数年で最高難度の問題で、国語の平均点が5割を切った年のものなんですね。さすがにこれは難しいだろうということで、翌年はずいぶん点がとりやすくなりました。これ以上難しくなることはないでしょう。

でも、なんでこんなに難しく感じるのだろうか。それは、**主体や客体などが省略されていて、人物関係の把握が難しいから**なんだ。現代語訳のところで赤字にした部分、つまり、**主体や客体を補って人物関係をはっきりさせると内容がわかる**でしょ？ この作業を、日頃から習慣にしよう。

特に、**会話文の内容を攻略できると本文の大意がとりやすい**。会話文では、主語が①「私」、②「あなた」になることが多いんだ。そこで、3時間目「『敬意の方向問題』は得点のチャンス！」でやったことを、読解に応用してみよう。

尊敬語は動作の主体に対する敬意

これを思い出してほしい。自分の動作に敬意を表すなんておかしいから（「私がおっしゃる」とかヘンでしょ？）、**会話文で尊敬語があったら、まず②「あなた」を主語にしてみよう。**

逆に、**尊敬語がなかったら、主語は①「私」でとりあえず考えてみよう。**

スゴ技 23

会話文の主体判定は、①「私」、②「あなた」を軸に考えよ。

尊敬語がある ➡ 主語は、まず②「あなた」と予測。

尊敬語がない ➡ 主語は、まず①「私」と予測。

まず試してみて、予測と違ったら、③その他の人物。

予測して、違うかなと思ったら考え直せばいい。**一番よくないのは、何も考えないで本文を読むこと。**読解って、予測を繰り返しながら読んでいくんだよ。それが上達への道だ。ガンバレ！

選 択肢の細部をチェックしよう！

よし、それでは、選択肢のチェックを実際にやってみよう！

①

三条殿は、心変わりしてしまった大将殿に絶望して実家に戻り、おとどと語ることで、やっと「少しもの思ひ晴るけどころ」を見つけ、もはや大将殿とは暮らせないと、このまま別れる決心をした。

まずは、これが本文のどこなのか狙いを定めよう。これは第一段落の内容だね。

そして、スゴ技22の④（→130ページ）で指摘したように、**人物判定がポイント**。「三条殿は……実家に戻り、**おとどと**語ることで」の部分がおかしい。**三条殿が語り合ったのは、おとどではなく姉妹の女御だ。**

②

おとどは、三条殿のことを心配して、大将殿に「消息たびたび聞こえ」たが、大将殿は全く返事をしないので、「かたくなしう軽々しの世や」と、大将という立場にそぐわない軽薄さを不愉快に思った。

これは第三段落の内容だね。狙いを定められたかな？　そして、またもや**人物判定がポイント**だ。「**消息たびたび聞こえ**」**たのも**、「**かたくなしう軽々しの世や**」**と不愉快に思ったのも、おとどではなく大将殿だ。**主語がおかしいね。

③

大将殿は、三条殿の家出を知り、三条殿父娘の短気で派手な性格を考えると、「ひがひがしきこと」をしでかしかねないと驚いて、「暮らしてみづから参り給へり」と、すぐさま大殿へ迎えに行った。

これは第二・第三段落の内容だね。人物関係は特に問題ない。この選択肢、相当細かい箇所が勝負所だ。「暮らしてみづから参り給へり」の「暮らして」に注目する。**大将殿は日が暮れるまで待ってから、三条殿のもとへ行ったのであり、「すぐさま」がおかしい。**これは、細部まで見ないと捉えきれない選択肢で、**選択肢全体のフワッとした印象で○×判定をしていると見逃してしまうよ。**スゴ技22の③「選択肢全体の『印象』を評価して解くな！」を守ってほしい。

④

三条殿は、強気に帰宅を拒みながらも、思い切りのよい「すがすがしき御心」の大将殿ならば、ここにいる子どもたちまでも自分の手の届かない場所に連れて行ってしまいかねず、「あやふし」と危惧した。

これは主に第八段落の内容だ。人物関係は把握できたかな？「思い切りのよい『すがすがしき御心』」は大将殿のことだし、「『あやふし』と危惧した」のは三条殿だ。また、「子どもたちまでも自分の手の届かない場所に連れて行ってしまいかねず」も、「この君たちをさへや、知らぬ所に率て渡し給はん」と一致している。選択肢に傷はない！　この④が正解だ。

⑤ 大将殿は、説得に耳を貸さない頑固な三条殿の手もとで育つことになる姫君の将来を心配して、「母君の御教へにな叶ひ給ひそ」などと、せめて教訓を言い聞かせることで、父の役割を果たそうとした。

これは最終段落の内容だね。人物関係をチェックだ。最終段落の大将殿の発言に注目してみよう。「いざ、給へかし」は「さあいらっしゃいよ」。姫君を呼んでいる言葉だ。次の「見奉り」以降には**尊敬語がないので、主語は大将殿自身になる**。「かしこにも人々のらうたきを、同じ所にてだに見奉らん」は、「あちら（＝もとの家）でも子どもたちがいとしいので、せめて同じところでお世話申し上げよう」ということ。よって、**姫君は三条殿のところではなく大将殿のもとで育てるということがわかる**。だから、「**三条殿の手もとで育つことになる姫君」はおかしい**。

問6では総合力が問われるよ。本文のどこについて説明している選択肢なのかをすばやく判断し、その近辺をしっかりチェックだ。**特に、人物関係の整理は絶対に忘れないようにしよう。**続いて、9時間目では、同じ問6で特殊な出題の対策をやるよ。「いざ、給へかし！」

9 時間目

難敵「表現の特徴を問う問題」の対処法

みんな困っている「表現の特徴を問う問題」

さて、8時間目で全体把握問題のポイントはわかってもらえたかな。これで、センター古文のほとんどすべてのタイプの問題が解けるようになったはずです。

ところが、ここ何年かで受験生を困らせた問題があるんだ。いわゆる「表現の特徴に関する問題」ってやつで、2013年の問6「**この文章の表現と内容に関する説明として最も適当なもの**」、2012年と2011年の問6「**この文章の表現の特徴と内容についての説明として最も適当なもの**」、という問題が出題されたんだ。2008年には文学史と絡めて出題された。2014年と2015年の本試験には出題がなかった（2014年の追試には出題された）ものの、「表現」を問われると戸惑ってしまう受験生も多いだろう。次のセンターで復活するかもしれない。要注意だ。

まずは、どんな選択肢なのか実例を見ておこう。わかりやすい例として、内容合致と絡めて出題された2006年の追試験を紹介します。

問　この文章の内容と表現の特徴を説明したものとして最も適当なものを、次の①〜⑤のうちから一つ選べ。

① 貴族間のうるわしい交流や季節の風物を詠んだ歌、寺社参籠《さんろう》の様子などを盛り込むことにより、優雅な王朝風の物語世界を描き出している。

② 表面的には任官の喜びに満ちているが、実は不行跡のために大宰府《だざいふ》に左遷《させん》される帥《そち》の君一家の姿を伝えており、因果応報の道理を描き出している。

③ 都を離れる無念さを歌に詠ませ、夢のお告げに不安を感じ取らせることにより、言葉や夢に超自然的な力が働く伝奇物語的な世界を描き出している。

④ 帥の君の妻が常々仏に祈願していたことが成就し、多額のお布施を寄進するに至る経緯を記すことにより、現世利益を求める貴族の仏教観を描き出している。

⑤ 右大臣が帥の君を体よく左遷する様子を暗示することにより、みやびな貴族社会の裏側に権謀術数が渦巻いている実態を描き出している。

なるほど、「表現の特徴を問う問題」はなんだか難しそうだね。「**うるわしい交流や季節の風物**」とか「**超自然的な力が働く**」とか、普通の全体把握問題とは違って、ひとクセありそうな選択肢が並んでいる。

ほかの年でも、「**心情表現を重視した叙情的な文体**」や「**和歌表現を取り入れた流麗な文体**」（2008年）、「**武士の姿が生き生きと描き出され**」や「**簡潔に力強く写し出され**」（2011年）など、判断に困ってしまう選択肢が多いのが特徴だ。

あくまでも「内容合致問題の変種」として対処せよ

そもそも「うるわしい」だの「生き生きと」だのって、感じる人によって変わってくる「主観」になるんじゃないだろうか。じゃあ、どうすればいいの？　「こんな問題は解けない！センスだ！」。いやいや待て待て、冷静に考えてほしい。**主観に関わる箇所は解答のポイントになり得るだろうか**。たとえば、「リズミカルに描かれている」と誰かが感じたとしても、「世界一のドラマーである俺に言わせりゃ、こんなもん平凡すぎるぜ」って感じる人もいるだろうし、「滑稽《こっけい》な文章だ」と誰かが感じたとしても、「クソつまんないんだけど」って感じる人もいるだろう。むしろ、それが当たり前だよね。

つまり、**主観に関係するような部分については判断を保留する。**そして、**内容について客観的に判断できるような箇所を優先して解いていく**んだ。解き方は、131ページの②「**消去法で解け！**」だ。

問6で「表現の特徴を問う問題」が出題される場合、選択肢は「**表現エリア**」と「**内容合致エリア**」で構成されている（だから選択肢全体が長くなっているケースが多い）。賢い受験生は、「表現」での勝負は極力避け、あくまでも**「内容合致問題の変種バージョン」という認識で対処する**ようにしているよ。キミたちもそうやって捉《とら》えてみよう。

スゴ技 24

表現の特徴を問う問題は、次のように解け。

①主観に関する部分（＝「表現エリア」）は判断を保留。勝負しない。

②客観的に判断できる内容が書かれている部分（＝「内容合致エリア」）に着目し、消去法で解く。

「内容合致エリア」を攻めよう！

では、この問題を解説していこう。ちなみにこの文章は、**不祥事でクビになっていた主人公が、右大臣のおかげで「大宰《だざい》の帥《そち》」（＝大宰府の長官）に任官した話**だ。

> ① 貴族間のうるわしい（表現エリア保留）○交流や季節の風物を詠んだ歌（内容合致エリア○）、○寺社参籠の様子など（内容合致エリア○）を盛り込むことにより、優雅な王朝風の物語世界（表現エリア保留）を描き出している。

この話では、主人公と右大臣が酒を酌《く》み交わし、親子で歌を詠み合い、お寺にこもる場面が出てくるので、「傷ナシ」と判断しますね。ちなみにこの問題は、この①が正解になりました。では、②に行きましょう。

> ② 表面的には任官の喜びに満ちているが、×実は不行跡のために大宰府に左遷される帥の君一家の姿（内容合致エリア×）を伝えており、因果応報の道理（表現エリア保留）を描き出している。

この話では、仕事のなかった主人公は、右大臣が助けてくれたおかげで大宰府の長官になったんだ。えっ、大宰府って菅原道真《すがわらのみちざね》が左遷された場所じゃないの？って思ったかもしれないけど、**本文内容を読まないで勝手に判断してはいけない。**

この場合は、クビになっていた主人公が大宰府の長官に任官できた話だから、「左遷」ではない。「左遷」とは、従来よりも低い地位や官職に人を移すことだ。

それから、「因果応報の道理……」は読まなくていい。1時間目のスゴ技1「『根拠をもって切った選択肢』は二度と振り返るな」を思い出してほしい。必要のない作業をしている時間はもったいないよ。ちゃんと「大宰府に左遷」の部分で切って、次に行こう。

③ ×都を離れる無念さを歌に詠ませ、夢のお告げに不安を感じ取らせることにより、言葉や夢に超自然的な力が働く伝奇物語的な世界を描き出している。

内容合致エリア×

表現エリア保留

これも、内容合致エリアに不適切な箇所がある。②で説明したように、主人公は左遷されて暗い心情で大宰府に向かうのではない。**当然そのときに詠まれる和歌も「無念」の心情を詠むものではない。**

ここをしっかり判断しないと、選択肢後半の「言葉や夢に超自然的な力が働く伝奇物語的な世界を描き出している」という「表現エリア」で判断に手こずってしまうので、注意が必要だ。「内容合致エリア」で勝負できれば楽勝だ。

④ 帥の君の妻が常々仏に祈願していたことが△成就し、×多額のお布施を寄進するに至る経緯を記すことにより、現世利益を求める貴族の仏教観を描き出している。
内容合致エリア△
表現エリア保留

この選択肢は難しい。「帥の君の妻が常々仏に祈願していたこと」というのが本文では具体的に明示されていなかったため、「**成就**」**したのかがわからなかった**。本番で判断に困ったら、ほかの箇所に根拠がないかを探そう。**一か所でも傷があれば消去法で選択肢を消せるわけだから、あいまいな部分にいつまでもこだわらないこと。**

次に、「多額のお布施」に注目する。実は、この問題の本文には「**多額**」**に該当する具体**

的な語句がなかったんだ。こういう細かい部分まで問われるわけだから、細部に注意する重要性に気づいてもらえたかな？ 8時間目**で注意したように、選択肢全体のフワッとした印象で○×判定をしてはいけないよね。**次に行こう。

> ⑤ 右大臣が帥の君を体よく左遷する様子（内容合致エリア×）を暗示することにより、みやびな貴族社会（表現エリア保留）の裏側に権謀術数が渦巻いている実態を描き出している。

この選択肢も、**主人公の大宰府行きを「左遷」と取り違えている。**ここで選択肢を切ることができるはずだね。

どうだったかな。今度のセンター試験で「表現の特徴を問う問題」が出ても大丈夫。「内容で勝負だ、内容を見ればいいんだ」と考えて、臆せず向かっていこう。そして、8時間目の内容合致のスゴ技をしっかり思い出せば怖くないよ。

では最後に、10時間目では全体を通して演習してみよう。ちょっと長くて大変だけど、一息ついたらやってみよう。

10 時間目

「センター古文」いざ決戦へ！

いよいよ最後の時間です。ちょっと長いけど、最後まで集中してね。

これまで、センターで9割をとるためにいろいろなスゴ技を紹介してきました。仕上げに本番まで実践演習を何題もこなして、「解き方」を自分のモノにしていくことが大事。**選択肢の目のつけどころが実感できると、もっともっと速く正確に解けるようになるよ。**

では、本書の「卒業試験」「総仕上げ」として、一題通しでやってみよう。基本語彙《ごい》が多い過去問から選んだから、ぜひ本文の単語も身につけてね。制限時間は20分。**それでは、始め！**

13 ミッション

次の問いに答えよ。

制限時間 20分

次の文章は、荒木田麗女『怪《あや》しの世がたり』の一節である。書家として名高い中務大輔《なかつかさのたいふ》の家には、代々伝わる太刀があった。大輔の親類にあたる少将は、その太刀を譲ってくれるよう懇願する。以下はそれに続く部分である。これを読んで、後の問い（**問1～6**）に答えよ。

難易度 ★★★★☆

対面の折、大輔、「まことには、なにがしが方には侍《はべ》らず。母なる者のいたく秘め置きて、心安く見ることも難くなん」と聞こえたり。少将、そらごとにやとは思へど、やがて母の方に文書くとて、大輔が手のそのままにて、「その太刀しばし申し預からん」と聞こえつ。使ひにも、大輔が方人《かたうど》だちてもてなすべう教へ遣《や》りつるに、母君、殊に心もつかず、とみに取り出《い》でて使ひに遣はしぬ。少将、いと嬉《うれ》しくて、いたく秘めつつ、深く隠して時々見などaしけり。

日頃《ひごろ》経て大輔、母の文とてあるを、驚きつつ見れば、「ありつる太刀、いと久しうなりぬるを、今は返し給《たま》へ」とあるに、いぶかしう胸うち騒ぎておぼゆるものから、急ぎまうでて、「いかさまなる御事にか」と問ふに、母君、「かうかうのことにて、(ア)そこの使ひになんものしつ」とて、文取り出でて見せつるを、大輔、いと世づかぬわざかなと思ひつつ見るに、我が手のやうなれど、いとしるく、少将のなりと見なしつるものか、常に人のけぢめ分きがたくするをよすがに、かかるたばかりをもしつるならんと、あさましう、をこの心ある主かなと、まめやかに心づきなう、また、疎からぬ間《あはひ》にて、かくもうしろめたきことありなんや、とAうちうめかれて、母にも、「しかじかなん。あの少将のしわざに侍り。日頃あながちに聞こえbしことを、なにがしが承《う》け引き侍らぬに聞こえわびて、かうあやなき心構へをなんものし侍るなり。いとたいだいしうは侍れど、おのが思ふところも侍り。しばし人にも知らせで(イ)おいらかにおはしませ。今ただ今、思ひ知るばかりのこと、ものし侍りなん」と母にも口固めてまかでぬ。

この頃、少将、新しく家造り美々《びび》しうして、「月の中《うち》にそこに渡る」など聞こえたり。大輔、聞きつけて、いと良きことにもあるかな、さらばありつる恨みの報いしてん、と心一つに嬉しう、人知れぬ心構へもこよなかりき。八月彼岸の頃ほひなれば、大方も秋の色の盛りなるに、かの少将の急ぎつる家は、所のさまも広く面白きに、秋の野をさへ移cし植ゑて、(注1)黒木赤木の籬《ませ》結ひ混ぜなど、めづらしう見所ある、折に合ひたる花の色々も、殊にはえばえしう、(注2)嵯峨野《さがの》の千草(注3)も無徳《むとく》にけおされぬべう見えたり。少将の北の方、(注4)御達《ごたち》なども、「いかでその花の移ろはぬ前《さき》に行きて見ばや。野分《のわき》の心も知り難し」と急ぐに、少将もよほされて、内のしつらひもまだ細かにはしあへねど、「月立たば日ついで悪《あ》し」など、陰陽師《おんみやうじ》も聞こえさすれば、月のこなたと日をも定めて、一時《ひととき》にはもの騒がdしとて、まづ少将ばかり行きて、またの日、北の方などは移ろはせんとて、少将、まだ暮れあへぬほどに、弟の君と二所、馬にて、御供にもうるはしう装束《さうぞ》かせて、二十日余りなれば月もなく、霧の迷ひも殊におぼおぼしき黄昏《たそがれ》のほどに、そなたに行きつ。門さし入りつつ見るに、いつの間におはしまいつるにや、左の大殿、うるはしき御装ひ鮮やかにて、御子の殿ばら、御供の人々、所々に並み侍《さぶら》ひ給へるものか、こなたの人々、見るままに、いといたう呆《あき》れ惑ひて、おのおの門の外に逃げ出でぬ。少将、いと思ひ寄らず、怪しきわざと思へば、Bいかなることとだに明らむばかり、気色《けしき》ばみ聞こえんと思へど、何となうもの恐ろしう、大臣《おとど》のさまも世の常ならず見え給ひしかば、「よしや、つとめてあなたに参りて聞こえん」とて、うち連れて帰りぬ。

またの日、急ぎ殿の御方に行きて聞こゆるに、(注5)家司《けいし》など、いと心得ぬさまにて、「昨夜《よべ》は客人《まらうど》のおはしましかば、殿はさらにもいはず、君達さへ出でさせ給はず、皆、殿の御前にて、夜もすがら遊びなどし給ひし」と言ふに、少将、いよいよいぶかしうおぼゆるを、供なる者どもは、「さらば人にはあらざりけめ。年頃彼処《あしこ》もとに住む鬼の、にはかに住処《すみか》失はんがうれたさに、さも怪しげにはものしつるならん。知らず顔に彼処《かしこ》に移り住み給はば、殿の御ため、(ウ)びんなきことや出でまうで来なん」とつぶやくを聞き、女ばら、いみじう怖《お》ぢつつ、「さらに行かじ」とて、皆留《とど》まりぬ。少将もすべなくて、家移りは音なくなりて、さしも心入れて造り磨きし所は、宿守《も》る人もなし。少将、いと口惜しう思へど、むくつけきやうなれば、あからさまに行きて見んともせず。

冬になりて霜月神事《かみわざ》(注6)の頃、少将、内裏《うち》にて、上(注7)の女房の、中より書きて差し出づる物を取りて見れば、

まことにや三つば四つば(注8)の殿造りたださゝがに(注9)の住処とぞ聞く

少将、

思ひきや三つば四つばをささがにのいともあやなき家造りとは

内裏辺《わた》りにさへ隠れなきを、少将、安からずおぼゆるに、上人《うへびと》(注10)などは、「いたうも怖ぢたり」と笑ふめり。

まことには、中務大輔、絵をも優れて描《か》きけるが、みそかに行きて描きつるを、そこらの人、思ひ寄らぬことにて、まことの人に見まがへつるなり。大輔は、「C剣の返り事しつ」とて、この頃ぞ人にも聞こえつるを、君達も皆いみじきことにし給ふ。上(注11)、聞こし召しては、昔の絵師の例《ため》しも思《おぼ》し召し出ださせ給ひ、「古《いにしへ》にも恥ぢぬさまなり」とて、おどろおどろしう褒めさせ給へば、いとど、優れたる名、高くなれりとや。

（注）

1 黒木赤木の籬——皮のついたままの木や皮をはいだ木を組んで作った、目のあらい低い垣。

2 嵯峨野——京都市右京区嵯峨周辺の地。　3 無徳に——見栄えがせず。

4 御達——貴人の家でお仕えする女房。

5 家司——親王や大臣の邸《やしき》の事務を担当する者。

6 霜月神事の頃——陰暦十一月には、神を祀《まつ》る行事が多い。

7 上の女房——帝《みかど》のそば近くお仕えする女房。

8 三つば四つば——殿舎がいくつも立ち並んだ立派な邸宅のさま。

9 ささがに——蜘蛛《くも》のこと。　10 上人——殿上人《てんじょうびと》のこと。

11 上——帝のこと。

問1 傍線部(ア)〜(ウ)の解釈として最も適当なものを、次の各群の①〜⑤のうちから、それぞれ一つずつ選べ。

(ア) そこの使ひになんものしつ

① あなたの使者に事情を申し上げましたよ
② あなたの使者に太刀を渡しましたよ
③ 私の使者が太刀を持ってきましたよ
④ そこにいた使者が事情を教えてくれましたよ
⑤ そちらに私の使者を行かせましたよ

(イ) おいらかにおはしませ

① 内密に処置なさってください
② くれぐれも用心なさってください
③ 安心してお出かけになってください
④ 穏やかに構えていらっしゃってください
⑤ 寛大にお許しになってください

(ウ) びんなきことや出でまうで来なん

① 具合の悪いことが起こるのではないでしょうか
② 不気味な鬼が現れるのではないでしょうか
③ 不本意な噂《うわさ》が広まるのではないでしょうか
④ 思いがけぬお咎《とが》めを受けるのではないでしょうか
⑤ お気の毒な思いをなさるのではないでしょうか

問2 波線部a〜dの「し」の文法的説明の組合せとして正しいものを、次の①〜⑤のうちから一つ選べ。

① a 動詞の活用語尾　b 過去の助動詞　c サ行変格活用の動詞　d 形容詞の活用語尾
② a 副助詞　b 動詞の活用語尾　c サ行変格活用の動詞　d 過去の助動詞
③ a サ行変格活用の動詞　b 副助詞　c 形容詞の活用語尾　d 動詞の活用語尾
④ a サ行変格活用の動詞　b 過去の助動詞　c 動詞の活用語尾　d 形容詞の活用語尾
⑤ a 副助詞　b 形容詞の活用語尾　c 動詞の活用語尾　d 過去の助動詞

問3 傍線部A「うちうめかれて」とあるが、その理由として最も適当なものを、次の①〜⑤のうちから一つ選べ。

① 少将が、太刀の価値についてよく知らないにもかかわらず、大輔の母親が秘蔵する太刀を無理に奪い取ったことを、大輔は、いらだたしく悔しく思ったから。
② 大輔が、親しく交際していたにもかかわらず、よそよそしい態度をとって、太刀を隠して貸してくれないことを、少将は、恨めしく憎らしいと思ったから。
③ 少将が、身内であるにもかかわらず、筆跡をまねた偽りの手紙を書いて、大輔の母親から太刀をだまし取ったことを、大輔は、情けなく腹立たしく思ったから。
④ 大輔が、母親から催促され、慌てて太刀を少将から取り返そうとしたにもかかわらず、少将が忘れたふりをしていることを、大輔は、心外でいまいましく思ったから。
⑤ 少将が、大輔の母親に丁重な手紙を書いて太刀を借り出したにもかかわらず、盗み取ったと大輔に誤解されていることを、少将は、不愉快で残念に思ったから。

問4　傍線部B「いかなることとだに明らむばかり、気色ばみ聞こえんと思へど」とあるが、少将は具体的にどう思ったのか。その説明として最も適当なものを、次の①～⑤のうちから一つ選べ。

① 左大臣と従者たちが、待ち遠しそうにしていらっしゃるので、すっかり夜が明けきらないうちにご様子だけでもうかがってみよう、と思った。

② 左大臣と従者たちが、勝手気ままに騒いでいらっしゃるので、いったいどういうおつもりなのか、せめてご注意だけでも申し上げてみよう、と思った。

③ 左大臣と従者たちが、たいそう不機嫌そうなご様子でいらっしゃるので、なんとかしてお気持ちがなごやかになるようにお話し申し上げてみよう、と思った。

④ 左大臣と従者たちが、何の知らせもなくお出でになっていらっしゃるので、その訳だけでもはっきりさせられるようにお尋ね申し上げてみよう、と思った。

⑤ 左大臣と従者たちが、先に来てお待ちになっていらっしゃるので、せめて事情だけでもお話しして、お詫《わ》び申し上げてみよう、と思った。

問5　傍線部C「剣の返り事しつ」とあるが、それはどういうことか。その具体的な説明として最も適当なものを、次の①～⑤のうちから一つ選べ。

① 大輔は新築されたばかりの少将の邸に巧みな絵を描いた。それを後に幽霊と思い込んだ少将の妻は、こわがって家を出てしまった。妻を呼び戻せない上に、邸も人手に渡ってしまい、少将は人々に嘲笑《ちょうしょう》された。このようにして、大輔は少将に仕返しをした。

② 大輔は新築されたばかりの左大臣の邸に巧みな絵を描いた。それを鬼と思い込んだ大臣は、少将に

退治を命じたが、少将は恐れをなして逃げ出し、大臣の怒りをかった。そのことが人々に知られ、少将は評判を落とした。このようにして、大輔は少将に仕返しをした。

③ 大輔は新築されたばかりの少将の邸に巧みな絵を描いた。それを本当の左大臣の一行と思い込んだ少将は、思いがけぬ貴人の訪問に度を失い、失態を演じた。その一件が知れ渡り、少将は人々の笑い物になった。このようにして、大輔は少将に仕返しをした。

④ 大輔は新築されたばかりの左大臣の邸に巧みな絵を描いた。それを幽霊と思い込んだ少将は、恐ろしさのあまりうろたえて、大臣家の管絃《かんげん》の遊びを台無しにした。そのことが帝に知られ、お叱《しか》りを受けた少将は恥をかいてしまった。このようにして、大輔は少将に仕返しをした。

⑤ 大輔は新築されたばかりの少将の邸に巧みな絵を描いた。それを後に鬼と思い込んだ少将の家族がおびえて引っ越しを嫌がったため、少将は新しい邸に移ることをあきらめた。その一件が宮中の噂になって、少将は面目を失った。このようにして、大輔は少将に仕返しをした。

問6 この文章の構成と表現の特徴に関する説明として**適当でないもの**を、次の①〜⑤のうちから一つ選べ。

① 前半では少将が大輔の母親を、後半では大輔が少将をだますという、だまし合いの構図が展開されるが、前半は字、後半は絵といった手段の対比がなされている。

② 少将に同情した女房と少将との和歌のやりとりは、同じ言葉を用いて心を通じ合わせているので、陰湿なだまし合いの物語の中で、わずかな救いとなっている。

③ 大輔の母親、左大臣の家司といった周辺の人々は、大輔や少将に、行動や心情の変化をもたらすという点で、物語の展開に欠かせない役割を担っている。

④　優美な邸の情景を描いた場面の後に、不気味な出来事に遭遇した少将の家の人々の慌てぶりを描いた場面を配置し、その対照によって物語に滑稽《こっけい》みを加えている。

⑤　後半では、だまされた少将の側の行動や心情に焦点が当てられており、どのような方法でだまされたのかについて、その種明かしが最後になされている。

どうでしたか？　0時間目で僕が言った「『センター古文』は『東大古文』よりも強敵だ！」の意味を実感してくれたんじゃないかな。これだけの長さの本文と選択肢を、時間内に読み、正解をあぶり出し、マークする。君たち受験生に課せられたミッションは思いのほか厳しいということを、改めて肝《きも》に銘《めい》じてほしいと思います。

リード文の「人物説明」は絶対チェック!!

まず本文を慌てて読み始める人がいるけど、絶対ダメ！　**リード文に書かれている登場人物の説明や場面の設定を最初に必ずチェックすること**！　センターは、長い物語文学の一部を切り取って出題されることがほとんど。本文より前の話を知らないで読んだって読解なんてできるわけない。**登場人物名や人物の説明には必ず印をつけておこう。**大切な作業だ。

次の文章は、荒木田麗女『怪しの世がたり』の一節である。書家として名高い中務大輔の家には、代々伝わる太刀があった。大輔の親類にあたる少将は、その太刀を譲ってくれるよう懇願する。以下はそれに続く部分である。これを読んで、後の問い（問1～6）に答えよ。

第一段落──太刀を騙し取る少将

では第一段落から。主語に注意しながら読んでいこう。

現代語訳

（少将と）面会したとき、大輔は、「（太刀は）実は、私の家にはございません。母である者がたいそう大切にしまっていて、容易に見ることも難しいのです」と申し上げた。少将は、嘘《うそ》ではなかろうかとは思うけれど、すぐに（大輔の）母宛に手紙を書くということで、大輔の筆跡そのままにまねて、「その太刀をしばらくの間、お預かりいたしたい」と申し上げた。使者にも、大輔の家の者のように振る舞うよう教えて遣わしたところ、母君は、特に気がつかず、すぐに取り出して使者に持たせて送り帰した。少将はたいへんうれしくて、とても大切にして、人に見つけられないよう隠して、ときどき見たりした。

最後に文法問題がありました。問2です。

問2　波線部a～dの「し」の文法的説明の組合せとして正しいものを、次の①～⑤のうちから一つ選べ。

	a	b	c	d
~~①~~	~~動詞の活用語尾~~	過去の助動詞	サ行変格活用の動詞	形容詞の活用語尾
~~②~~	~~副助詞~~	動詞の活用語尾	サ行変格活用の動詞	過去の助動詞
③	サ行変格活用の動詞	副助詞	形容詞の活用語尾	動詞の活用語尾
④	サ行変格活用の動詞	過去の助動詞	動詞の活用語尾	形容詞の活用語尾
~~⑤~~	~~副助詞~~	形容詞の活用語尾	動詞の活用語尾	過去の助動詞

この「し」の識別は、動詞・形容詞・助詞とさまざまな品詞に関係する識別問題なので気をつけよう。覚えるべき情報は「付録」の191ページを見てください。

まず、波線aの直後には「けり」があるね。**「けり」は連用形接続なんだから**、「**副助詞**」**のわけないよね**（助詞には活用がないから連用形はあり得ない）。すぐさま②と⑤を切ろう。**これらは二度と振り返るな！**　また、①の「動詞の活用語尾」は、直前の「など」から考えておかしいね（「**などす**」**なんて動詞はナイ**）。①も切れる。**③と④のどちらかだ。**

1時間目でやった「**文法問題は、傍線部を一つ解いたら、すぐに次の選択肢をチェックせよ**」を思い出そう。bは③が副助詞、④が過去の助動詞だ。このbで解答が決定できそうだ。

bは直前が「聞こゆ」の連用形で、直後が「こと」という名詞になっているから、過去の助動詞「き」の連体形の「し」だ。答えは④だ。あっという間に解けてしまった。

第二段落――大輔、母の家に行く。事件発覚！

では、第二段落に行こう。人物関係が複雑になってくるので、集中して読もう。

現代語訳

数日過ぎて、大輔は、母からの手紙といってきたので、驚きながら見ると、「先日の太刀は、（渡してから）大変日にちが経ったので、もうお返しください」と書いてあるので、不審に思い、気がかりで胸騒ぎしたので、急いで（母のもとに）参上して、「どういうことでしょうか」と尋ねると、母君は、「このような次第で、あなたからの使者に（太刀を）渡しました」といって、手紙を取り出して見せたところ、大輔は、まったく思い当たらないことだなと思いながら（その手紙を）見ると、自分の筆跡のようであるけれど、少将の筆跡であることははっきりしていると判断したものの、「いつも善悪の区別をつけない生き方をしているので、このような計略もしたのであろうと、情けなく、愚かな精神の持ち主だな」と、（また、）「ほんとうに不愉快なことに、また、疎遠な間柄でないのに、このように油断ならないことがあろうか」と、自然とため息が出て、母にも、「こういうわけです。あの少将がやったことです。いつも熱心に申していたことを、私が承知しませんことで、頼み申しようがなくなって、このように筋の通らない計略をしたのです。実にもってのほかのことですけれど私の考えることもございます。しばらくはほかの人にも言わないで穏やかに構えていらっしゃってください。今現在、分かっているだけのことをしてやるつもりです」と母をも口止めして退出した。

第一段落では、大輔の母親が、代々伝わる太刀を少将に騙《だま》し取られてしまった。第二段落に入ると、母親から「刀をそろそろ返してほしい」という手紙を受け取った大輔は、異常を察知して母親のところに行きます。大輔の問いかけに、母親が事情を説明します。それが傍線部(ア)です。問1の語句解釈問題に行きましょう。

(ア) そこの使ひになんものしつ

① ×あなたの使者に ×事情を申し上げましたよ
② ○あなたの使者に ○太刀を渡しましたよ
③ ×私の使者が太刀を持ってきましたよ
④ ×そこにいた使者が事情を教えてくれましたよ
⑤ ×そちらに私の使者を行かせましたよ

4時間目でやった通り、**選択肢を「鳥の目」で俯瞰《ふかん》**できたかな？　係助詞「なん」や完了「つ」は特別問われていないことに気がつくでしょう。どの選択肢も訳が同じですね。この問題は、「そこの」と「ものす」という二つの単語を尋ねているね。

「そこ」は場所をさす「そこ」のほかに、**人をさして「あなた」「君」の意味でも使われる**んだ。「ものす」はさまざまな意味を表す動詞なので、文脈に即して考えなくてはいけない。

第一段落で、大輔の母は、大輔の筆跡を真似た少将の手紙を、大輔の手紙だと思い込んでしまい（つまり、現代で言うオレオレ詐欺《さぎ》のようなもの）、大輔の使者のようにふるまった少将の使者に大切な太刀を渡してしまったんだったね。だから、母親は大輔に向かって「**あなたの使者に太刀を渡しましたよ**」と答えているわけだ。

さて、母親と話して、母親が少将に騙されたことを知った大輔は、傍線部A「うちうめかれて」つまり、うめき声をあげています。理由説明問題です。

問3 傍線部A「うちうめかれて」とあるが、その理由として最も適当なものを、次の①〜⑤のうちから一つ選べ。

① 少将が、太刀の価値についてよく知らないにもかかわらず、大輔の母親が秘蔵する太刀を無理に奪い取ったことを、／大輔は、いらだたしく悔しく思ったから。

② 大輔が、親しく交際していたにもかかわらず、よそよそしい態度をとって、太刀を隠して貸してくれないことを、／少将は、恨めしく憎らしいと思ったから。

③ 少将が、身内であるにもかかわらず、筆跡をまねた偽りの手紙を書いて、大輔の母親から太刀をだまし取ったことを、／大輔は、情けなく腹立たしく思ったから。

④ 大輔が、母親から催促され、慌てて太刀を少将から取り返そうとしたにもかかわらず、少将が忘れたふりをしていることを、／大輔は、心外でいまいましく思ったから。

⑤ 少将が、大輔の母親に丁重な手紙を書いて太刀を借り出したにもかかわらず、盗み取ったと大輔に誤解されていることを、／少将は、不愉快で残念に思ったから。

さあ、ここでは5時間目のスゴ技を徹底的に使っていくよ。

人物と結論のブロックは特に重要だったね。そもそも、ここは大輔の母親の家での話で、大輔と母親の会話で展開している段落だったよね。母親が少将に騙されたいきさつを知って大輔はうめいているんだ。だとすると、「うちうめかれて」の主語が、「少将は」になっている②と⑤は問題外だ。**ダメな選択肢は即切ってしまおう**。そして、**振り返るな**！だよ。

各選択肢の後半に説明されている大輔の心情は、どれも正解のように思えて難しい。だったら、**難しいところで勝負しちゃダメ**。選択肢の前半で探してやろう。

そうすると、①の「無理に奪い取った」、④「少将が忘れたふりをしている」は第一段落の内容から考えておかしいよね。答えは③だ。

単語力を鍛えよう

母親が少将に騙されてしまったことを知った大輔は、母親に「自分に考えがあります」と、ひとまず母親にこの件を口止めして退出します。母親に向かって、「おいらかにおはしませ」と言っているけど、この解釈はわかったかな？　問1の(イ)の選択肢を見てみよう。

(イ)　おいらかにおはしませ
①　内密に処置なさってください
②　くれぐれも用心なさってください
③　安心してお出かけになってください
④　穏やかに構えていらっしゃってください
⑤　寛大にお許しになってください

傍線部を品詞分解すると、「おいらかに」と「おはしませ」に分解できるね。「おはしませ」は尊敬語であり、命令形だね。すべての選択肢が「〜ください」で終わりになっているので、ここでは勝負しないで、「おいらかに」（「おいらかなり」の連用形）で勝負だ。

「おいらかなり」は、「おだやかである」「おっとりしている」という意味で、感情の起伏が激しくない様子を表す言葉なんだ。この単語を知らないと、この設問は解きようがない。だから、**基本単語は絶対に暗記しておこう**。答えは④。

第三段落——少将の新居に異常事態！

少将が新居を構えたようです。それを聞きつけた大輔は、ある復讐《ふくしゅう》を思いつきます。

現代語訳

この頃、少将は、新しく美しく家を造って「今月中にその家に引っ越す」などと噂になった。大輔はそれを耳にして、大変よい機会だな。では、かつての恨みの報復をしてやろうと心中うれしく思い、人にばれないよう計略を練ることもこの上なかった。八月彼岸の頃なので、そちらこちらも秋の景色の盛んな季節であるが、少将が転居を急いだ家は、土地も広く美しい上に、秋の野の風情まで移して、垣根も黒木赤木をそのまま混ぜて結んで作るなど、めったにないほど素晴らしく見所があり、時節にあった花々の色も、格別に華やかに見栄えがして、嵯峨野の千草も見栄えがしないに違いないぐらいに（素晴らしく）見えた。少将の北の方やお仕えする女房たちなども、「なんとかしてその花が色あせないうちに行って見たい。台風もいつ来るかもわからない」と焦るのに少将も促されて、内装もまだきちんとし終わっていないけれど、「月が変わると日取りが悪い」などと、陰陽師《おんみょうじ》も申し上げるので、今月中にと日にちを決めて、一度に（全員が引っ越すの）は騒々しいということで、まず少将だけが行って、翌日北の方などを移そうと計画して、少将はまだ暮れきらない時刻に、弟君とお二人で馬で、お供の者にも美しい装束を着せて、二十日過ぎなので、月も出ておらず、霧で道を迷うぐらいにぼんやりしている夕方に、その場所に行った。門を入りながら（新居の中を）見ると、いつの間においでになったのであろうか、左大臣殿が立派なご装束もはっきりと、ご子息の殿たちやお供の人々が、あちらこちらに並んで控えていらっしゃるとは、少将たちは、それを見るやいなやたいそうひどくあわてふためいて、それぞれ門外に逃げ出してしまった。少将は、まったく思い当たらず、不思議なことと思うので、どういうことだということだけでも明らかにしようとばかりに、気持ちを強くもって申し上げようと思うけれど、何となく恐ろしく、左大臣の様子も普通でなくお見えになったので、「ええい、明日あちらに参上して申し上げよう」と言って、弟君やお供の人々を連れて帰った。

では、問4に行こう。心情把握問題です。

問4 傍線部B「いかなることとだに明らむばかり、気色ばみ聞こえんと思へど」とあるが、少将は具体的にどう思ったのか。その説明として最も適当なものを、次の①～⑤のうちから一つ選べ。

① 左大臣と従者たちが、待ち遠しそうにしていらっしゃるので、すっかり夜が明けきらないうちにご様子だけでもうかがってみよう、と思った。

② 左大臣と従者たちが、勝手気ままに騒いでいらっしゃるので、いったいどういうおつもりなのか、せめてご注意だけでも申し上げてみよう、と思った。

③ 左大臣と従者たちが、たいそう不機嫌そうなご様子でいらっしゃるので、なんとかしてお気持ちがなごやかになるようにお話し申し上げてみよう、と思った。

④ 左大臣と従者たちが、何の知らせもなくお出でになっていらっしゃるので、その訳だけでもはっきりさせられるようにお尋ね申し上げてみよう、と思った。

⑤ 左大臣と従者たちが、先に来てお待ちになっていらっしゃるので、せめて事情だけでもお話しして、お詫《わ》び申し上げてみよう、と思った。

「だに」は、①「〜さえ」、②「(せめて)〜だけでも」と訳す副助詞。希望・命令・意志・仮定のどれかの文脈だと②で訳す。「聞こえん」の「ん」が意志なので、ここでは②。「明らむ」は「明らかにする」という意味。だから、「どういうことなのかということだけでも明らかにできるように、お尋ね申し上げよう」という意味だ。

この問題は「どう思ったのか」とあるから、心情把握問題だよね。心情把握問題では、理由を探すんだったね(⬇095ページ)。少将が「気色ばみ聞こえん」(「気色ばむ」⬇「思いを外に出す」)つまり、「気持ちをはっきりと出して、(左大臣に)申し上げよう」と思っている理由はなんだろう。**誰もいないはずの新居に到着したら、左大臣たちがいたから**だね。そうしたら普通は、「どうしてここにいらっしゃるんですか?」って尋ねるよね。理由の箇所に着目すれば、「左大臣が不意に訪問した」理由説明に当てはまるのは④しかない!

第四段落——中止に追い込まれた少将の引っ越し

翌朝、少将は左大臣邸に行き、昨夜の一件について尋ねます。

現代語訳

翌日、(少将は)急いで左大臣のお屋敷に行って(昨夜の一件を)申し上げると、家司などはまったく理解できない様子で、「昨夜は客人がいらっしゃったので、殿はもちろん、ご子息様までもお出かけにならず、全員、殿の御前で、一晩中管絃の遊びなどをなさっていた」と言うので、少将は、ますます不審に感じると、供の者どもは、「それならば人ではなかったのでしょう。長年あそこに住む鬼が、突然、住処を失うようになることを憂えて、いかにも不気味に見せたのでしょう。知らん顔をしてあそこに移り住みなさったなら、殿のために具合の悪いことが起こるのではないでしょうか」とつぶやくのを聞き、女達は非常におびえながら、「けっして行くまい」と言って、全員もとの家にとどまった。少将もどうしようもなく、転居は口にしなくなり、あれほど心を込めて立派に造った邸宅は留守を預かる人もいない。少将は、たいそう残念に思うけれど、不気味な様子なので、ちょっと行って見ようともしない。

左大臣邸の者は、「昨日は客人がいたので全員邸にいた」と答えます。それを聞いた少将の従者たちは、「これは鬼の仕業だ」と怖れたため、「もし引っ越したら、殿（少将）にとって『びんなきことや出でまうで来なん』」と言ったんだ。問1の(ウ)に行こう。

(ウ)　びんなきことや出でまうで来なん

① 具合の悪いことが起こるのではないでしょうか
② 不気味な鬼が現れるのではないでしょうか
③ 不本意な噂が広まるのではないでしょうか
④ 思いがけぬお咎めを受けるのではないでしょうか
⑤ お気の毒な思いをなさるのではないでしょうか

傍線部に「なん」があるから、「なん」で勝負したいところだけど、**選択肢をしっかり「鳥の目」で見てね。**「〜のではないでしょうか」で最後が一致しているので、ここは関係なし。「びんなき」を文脈に即して考えてみよう。**「びんなし」は最重要古文単語！「不便だ」「具合が悪い」などと訳す。**正解は①。今回の問1は重要古文単語だけで、二つ解けてしまった。

≡第五段落——笑い物になってしまった少将≡

現代語訳

冬になって（陰暦）十一月の神事の頃、少将は、宮中で、帝に仕える女房が、（簾の）中から書いて差し出したものを受け取って見ると、

まことにや…〔＝ほんとうだろうか。殿舎がいくつも立ち並んだ立派な邸宅が、（今や）蜘蛛の住処であるとは。〕

少将（の返歌）、

思ひきや…〔＝思っただろうか、いや思いもしなかった。殿舎がいくつも立ち並んだ立派な邸宅が、蜘蛛が糸を張ったたいそう空しい家造りだったとは。〕

宮中にまですっかり知られてしまったことを、少将は、心穏やかでなく感じたが、殿上人などは、「ひどく怯えていることだよ」と笑うようだ。

十一月、少将は宮中で、ある女房から和歌をもらいます。「立派な邸宅が蜘蛛の住処になっていると噂になっているけど、本当ですか?」という意味。少将はそれに対し、「立派な邸宅が、ただ蜘蛛が糸を張ったとてもむなしい家になるとは考えもしなかった」と返歌します。「**いと**」が、「とても」という意味であると同時に、「ささがに(蜘蛛)」の縁語で「**糸**」と**掛詞になっている**のがわかったかな?

≡第六段落——種明かし≡

さて、この少将を襲った怪奇現象はなんだったのでしょうか。最終段落で種明かしがされるという仕掛けになっています。

現代語訳

真実は、中務大輔は絵をも優れて描いた人だが、こっそり(少将の新居に)行って(左大臣一行の姿を)描いたのを、多くの人は考えも付かないことで、本物の左大臣たちと見まちがえたのだ。大輔は、「(母の太刀をだまし取られた)仕返しをした」と言って、最近、ほかの人にも申し上げたが、君達らも皆すごい技術だと評価なさる。帝が、お聞きになって、昔の絵師の例も思い出しなさって、「古の絵師にも恥じない技術だ」とおっしゃって、ものすごくお褒めになるので、いよいよ、優れているという評判が上がったということだ。

1時間目
2時間目
3時間目
4時間目
5時間目
6時間目
7時間目
8時間目
9時間目
10時間目

じつは、大輔が少将の新居に絵を描いて、太刀を騙し取られた仕返しをしたということが明かされます。大輔は、その絵の技術を帝にも褒めたたえられ、ますます有名になりましたという話だ。では、問5に行こう。

問5 傍線部C「剣の返り事しつ」とあるが、それはどういうことか。その具体的な説明として最も適当なものを、次の①～⑤のうちから一つ選べ。

① 大輔は新築されたばかりの少将の邸に巧みな絵を描いた。それを後に幽霊と思い込んだ少将の妻は、こわがって家を出てしまった。妻を呼び戻せない上に、邸も人手に渡ってしまい、少将は人々に嘲笑《ちょうしょう》された。このようにして、大輔は少将に仕返しをした。

② 大輔は新築されたばかりの左大臣の邸に巧みな絵を描いた。それを鬼と思い込んだ大臣は、少将に退治を命じたが、少将は恐れをなして逃げ出し、大臣の怒りをかった。そのことが人々に知られ、少将は評判を落とした。このようにして、大輔は少将に仕返しをした。

③ 大輔は新築されたばかりの少将の邸に巧みな絵を描いた。それを本当の左大臣の一行と思い込んだ少将は、思いがけぬ貴人の訪問に度を失い、失態を演じた。その一件が知れ渡り、少将は人々の笑い物になった。このようにして、大輔は少将に仕返しをした。

④ 大輔は新築されたばかりの左大臣の邸に巧みな絵を描いた。それを幽霊と思い込んだ少将は、恐ろしさのあまりうろたえて、大臣家の管絃の遊びを台無しにした。そのことが帝に知られ、お叱《しか》りを受けた少将は恥をかいてしまった。このようにして、大輔は少将に仕返しをした。

⑤ 大輔は新築されたばかりの○少将の邸に巧みな絵を描いた。それを後に○鬼と思い込んだ少将の家族がおびえて引っ越しを嫌がったため、少将は新しい邸に移ることをあきらめた。その一件が宮中の噂になって、少将は面目を失った。このようにして、大輔は少将に仕返しをした。

スゴ技を駆使《くし》して選択肢を一瞬で切れ！

問5はほんとに長い選択肢だね（笑）。これくらいの長さを上手に「さばく」ことができたら合格だよ。例によって、「鳥の目」で見てください。

一見、長く見えるけど、最後の「このようにして、大輔は少将に仕返しをした」は共通。じゃあ最初は？「大輔は新築されたばかりの●●の邸に巧みな絵を描いた」ってなってるけど、ビミョーに**●●の人物名が変わっている**のに気づいたかな？

大輔は誰の家に絵を描いた？少将の新居だってことはわかるよね。じゃあ、**「左大臣の邸」になっている②と④は問題外だ**。はい、切ろう。そして、二度と振り返らない

この問題は、（問5だけど）**全体の内容を問う問題**と言えるよね。だったら、8時間目の「**消去法で解け**」を思い出してほしい。じゃあ残った選択肢を正確に吟味《ぎんみ》していこう。①は、

まず最初に少将と弟だけが引っ越したんだから、**妻がその場にいることはあり得ないよ**。それに、邸が人手に渡ったなんてどこに書いてある？　はい、バツ。残るは③と⑤だ。

③は、「本当の左大臣の一行と思いこんだ少将」はいいけど、そのせいで「失態を演じたこと」が、「笑い物」になったわけじゃないよね。**少将の家族が引っ越しを嫌がり、また少将もおびえていることが「いたうも怖ぢたり」なんだ**。正解は⑤。**少将が「新しい邸に移ることをあきらめた」ことが噂になって、少将は「面目を失った」んだ**。

この問題のポイントは、②と④、次いで①を即切ること。**落ち着いた状態で、③と⑤だけをしっかりと見定めるんだ。**最後の二択まではすばやく！　この余裕が正解に導いてくれるよ。

表現の特徴を問う問題！

問6　この文章の構成と表現の特徴に関する説明として**適当でないもの**を、次の①～⑤のうちから一つ選べ。

①　前半では少将が大輔の母親を、後半では大輔が少将をだますという、だまし合いの構図が展開されるが、前半は字、後半は絵といった手段の対比がなされている。

② 少将に同情した女房と少将との和歌のやりとりは、同じ言葉を用いて心を通じ合わせているので、陰湿なだまし合いの物語の中で、わずかな救いとなっている。

③ 大輔の母親、左大臣の家司といった周辺の人々は、大輔や少将に、行動や心情の変化をもたらすという点で、物語の展開に欠かせない役割を担っている。

④ 優美な邸の情景を描いた場面の後に、不気味な出来事に遭遇した少将の家の人々の慌てぶりを描いた場面を配置し、その対照によって物語に滑稽《こっけい》みを加えている。

⑤ 後半では、だまされた少将の側の行動や心情に焦点が当てられており、どのような方法でだまされたのかについて、その種明かしが最後になされている。

さあ、最後は「表現の特徴を問う問題」だ。9時間目のスゴ技24を思い出そう。「**主観に関する部分は判断を保留。勝負しない**」と「**客観的に判断できる内容が描かれている部分に着目し、消去法で解く**」だったね。

ただ、この問題は消去法といっても「適当でないもの」を選べ、と要求しているわけだから、明らかにおかしいものを一つ選べばよい。主観に関するものや、きわどいものは全部スルーしよう。正解（おかしいもの）は②だ。「同じ言葉を用いて」いるのは正しいが、**この女房の和歌は同情の要素が全くない**。少将は宮中でみんなの笑い物になっているんだよ。

①は、騙し合いでの話で、前半は筆跡を真似て騙し、後半は新居に落書きで騙したわけ

だからOK。

③は、大輔の母親の連絡から事件が発覚し、左大臣家の家司の発言がきっかけでいよいよおかしいということがわかったのでOK。「欠かせない」とか**「表現」の部分は考え込まなくていい**からね。

④も、「不気味な出来事」と、少将たちの「慌てぶり」というのは内容合致として間違っていない。「滑稽みを加えている」という**「表現」の部分は勝手に判断しないこと**。

⑤も正しい。後半は、少将中心に描かれ、種明かしは最後だからいいよね。

どうでしたか？　一発で全部解けなくても大丈夫。間違えたところは、0時間目～9時間目に戻って、もう一度解き方をチェックしておこう。実践してマスターするんだ。

そして、本番は自信をもって臨んでほしい。**がんばれ！**

付録①
センター必修単語 184

付録②
センター必修文法 191

「センター古文」では、まず単語を知らないと話にならない！ 必要最低限のものを厳選したから、これだけはちゃんと覚えてほしい。なーに、膨大な英単語に比べたら軽い軽い。赤字の語は、特に重要な「勝敗を分ける古文単語」だ！ 優先的に覚えよう！

単語のなかでも、「敬語動詞」は別でまとめてあるよ。敬意の方向問題で大切なヒントになるから、しっかりおさえてね。 ⇒⇒⇒⇒⇒⇒⇒⇒ 189ページ

「掛詞」と「枕詞」は、苦手な和歌を攻略するための大切なアイテムだ。和歌を読むときにはちゃんと意識してね。 ⇒⇒⇒⇒⇒⇒⇒⇒⇒⇒⇒ 190ページ

【2時間目】で紹介できなかった必修の文法も、厳選してコンパクトにまとめておいたよ。これらもあわせてマスターしておけば、識別ですごい力を発揮できる。ライバルに差をつけろ！

チェック		単語	品詞	訳
□	1	あからさまなり	形動	ほんのちょっと
□	2	あからめ	名	①わき見、よそ見 ②浮気
□	3	あきらむ（明らむ）	動	あきらかにする
□	4	あさまし	形	驚きあきれるほどだ、意外だ
□	5	あさむ	動	①驚きあきれる、意外に思う ②馬鹿にする、軽蔑する
□	6	あし（悪し）	形	悪い
□	7	あそび（遊び）	名	管弦の宴
□	8	あだなり	形動	①浮気だ ②はかない
□	9	あたらし	形	惜しい
□	10	あてなり（貴なり）	形動	①上品だ ②高貴だ
□	11	あなかしこ〜禁止	副	決して〜するな
□	12	あはれなり	形動	しみじみと心に深く感じられる
□	13	あまた	副	たくさん
□	14	**あやし**	形	①不思議だ ②みすぼらしい ③身分が低い
□	15	**あやなし**	形	①筋が通らない ②わけがわからない
□	16	ありがたし	形	①めったにない ②めったにないほど優れている
□	17	ありく（歩く）	動	動き回る
□	18	いうなり（優なり）	形動	優美だ、上品だ

チェック		単語	品詞	訳
□	19	**いかで〜①推量／②願望・意志**	副	①どうして〜だろうか ②なんとかして〜したい・〜しよう
□	20	いそぎ（急ぎ）	名	準備
□	21	いたし	形	①すばらしい ②ひどい（連用形で）③たいそう ④それほど〜（ない）
□	22	いたづらなり	形動	①無駄だ ②役に立たない ③むなしい
□	23	いたづらになる	慣	死ぬ
□	24	いつく	動	大切に育てる
□	25	**いつしか**	副	①いつのまにか ②早く（〜たい・〜てほしい）
□	26	いと	副	①たいそう ②それほど〜（ない）
□	27	いときなし、いとけなし、いはけなし	形	幼い、あどけない
□	28	いとど	副	ますます
□	29	いとふ（厭ふ）	動	①いやがる ②（「世をいとふ」の形で）出家する
□	30	いとほし	形	気の毒だ
□	31	いぶかし	形	①気がかりだ ②知りたい
□	32	いふもおろかなり	慣	言い尽くせない
□	33	**いふもさらなり、いへばさらなり**	慣	言うまでもない
□	34	いまいまし（忌ま忌まし）	形	不吉だ
□	35	いみじ	形	①すばらしい ②ひどい ③（連用形で）とても
□	36	うし（憂し）	形	①嫌だ ②つらい

チェック		単語	品詞	訳
□	37	うしろみる（後見る）	動	世話をする、後見する
□	38	**うしろめたし、うしろめたなし**	形	気がかりだ、不安だ
□	39	**うたてし**	形	①いやだ ②嘆かわしい
□	40	うち（内・内裏）	名	①宮中 ②天皇
□	41	うつくし（美し）	形	かわいらしい
□	42	うへ（上）	名	①天皇 ②奥方
□	43	うるはし	形	きちんとしている、整っている
□	44	え〜打消	副	〜できない
□	45	えんなり（艶なり）	形動	優美だ
□	46	**おいらかなり**	形動	穏やかである、おっとりしている
□	47	おこたる	動	病気が良くなる
□	48	おこなふ（行ふ）	動	仏道修行をする
□	49	**おとなし（大人し）**	形	①大人びている ②思慮分別がある
□	50	おどろく	動	①目を覚ます ②はっと気づく
□	51	おほかた〜打消	副	まったく〜ない
□	52	**おぼつかなし**	形	①はっきりしない ②気がかりだ ③待ち遠しい、じれったい
□	53	おぼろけなり	形動	①並々である、普通だ ②並大抵でない、並ひととおりではない
□	54	おもしろし	形	①風流だ、すばらしい ②楽しい

チェック		単語	品詞	訳
□	55	おもはずなり（思はずなり）	形動	意外だ、思いがけない
□	56	**おろかなり（疎かなり）**	形動	①いい加減だ ②（「〜とはおろかなり」で）〜という言葉では言い尽くせない
□	57	かぎり（限り）	名	①限界 ②臨終 ③〜のすべて
□	58	かこつ	動	①嘆く ②（他の）せいにする
□	59	かしこし（畏し、賢し）	形	①おそれ多い ②優れている ③都合がよい ④（連用形で）はなはだしく
□	60	かしづく	動	大切に育てる
□	61	かしらおろす（頭おろす）	慣	出家剃髪する
□	62	かたじけなし	形	おそれ多い、もったいない
□	63	**かたはらいたし**	形	①みっともない、見苦しい ②きまりが悪い ③気の毒だ
□	64	かたみに	副	互いに
□	65	**かづく（被く）**	動	①［四段］かぶる、（褒美を）いただく ②［下二段］かぶせる、（褒美を）与える
□	66	かなし	形	①いとしい ②悲しい
□	67	かまへて〜禁止	副	決して〜するな
□	68	きよらなり（清らなり）	形動	清らかで美しい
□	69	ぐす（具す）	動	①伴う ②連れる ③添える
□	70	くちをし（口惜し）	形	残念だ
□	71	くつす（屈す）、くんず（屈ず）	動	ふさぎ込む
□	72	けし（怪し、異し）	形	異様だ

チェック	単語	品詞	訳
□ 73	**けしうはあらず**	慣	悪くはない
□ 74	**けしからず**	慣	①異様だ ②よくない
□ 75	けしき(気色)	名	①様子 ②機嫌
□ 76	げに(実に)	副	本当に、なるほど
□ 77	こうず(困ず)	動	疲れる
□ 78	ここら、そこら	副	たくさん
□ 79	こころぐるし(心苦し)	形	①気の毒だ ②気がかりだ
□ 80	**こころづきなし**	形	気に入らない
□ 81	こころにくし	形	奥ゆかしい
□ 82	**こころもとなし**	形	①はっきりしない ②気がかりだ ③待ち遠しい、じれったい
□ 83	こころやすし(心安し)	形	安心だ
□ 84	ことわり(理)	名	道理
□ 85	ことわりなり(理なり)	形動	もっともだ、当然だ
□ 86	**さうざうし**	形	①もの足りない ②寂しい
□ 87	**さうなし(双無し、左右無し)**	形	①比べるものがない、並ぶものがない ②ためらわない、言うまでもない
□ 88	ざえ(才)	名	①(漢学の)教養 ②(和歌・音楽の)才能
□ 89	さかし(賢し)	形	①賢い ②こざかしい
□ 90	さすが、さすがに	副	そうはいってもやはり

チェック	単語	品詞	訳
□ 91	さながら(然ながら)	副	①そのまま ②すべて
□ 92	さまをかふ(様を変ふ)	慣	出家する
□ 93	さらに〜打消	副	まったく〜ない
□ 94	さらにもいはず	慣	言うまでもない、もっともだ
□ 95	さらぬわかれ(避らぬ別れ)	慣	死別
□ 96	さるべき(然るべき)	慣	①そうなるはずの(運命の・宿命の) ②ふさわしい ③立派な
□ 97	さるべきにや	慣	そうなるはずの前世からの宿縁であろうか
□ 98	しのぶ(忍ぶ、偲ぶ)	動	①我慢する ②人目を避ける ③思い出す
□ 99	しほたる(潮垂る)	動	涙を流す
□ 100	**しるし(験、徴)**	名	①前兆 ②効き目 ③ご利益
□ 101	すずろなり、そぞろなり(漫ろなり)	形動	①(連用形で)あてもなく、わけもなく ②むやみやたらだ ③思いがけない
□ 102	たえて〜打消	副	まったく〜ない
□ 103	ただならず	慣	妊娠している
□ 104	たのむ(頼む)	動	①[四段]あてにする、期待する ②[下二段]あてにさせる、期待させる
□ 105	ちぎり(契り)	名	①約束 ②前世からの宿縁 ③男女が逢うこと、逢瀬
□ 106	**つきづきし**	形	似つかわしい、ふさわしい
□ 107	**つきなし**	形	ふさわしくない
□ 108	つとめて	名	①早朝 ②翌朝

チェック		単語	品詞	訳
□	109	つゆ～打消	副	まったく～ない
□	110	つらし	形	①薄情だ、冷淡だ ②つらい
□	111	つれづれなり（徒然なり）	形動	①退屈だ ②もの寂しい
□	112	**つれなし**	形	①平然としている ②冷淡だ
□	113	とし（疾し）	形	早い、速い
□	114	な～そ	副	～してはいけない
□	115	なかなか	副	かえって
□	116	ながむ（眺む、詠む）	動	①もの思いに沈む ②和歌を詠む
□	117	など、などか、などて	副	①（疑問）どうして～か ②（反語）どうして～か。いや、～ない
□	118	**なのめなり**	形動	①並ひととおりだ ②並ひととおりではない
□	119	なほ	副	やはり、依然として
□	120	**なほざりなり**	形動	いい加減だ、本気ではない
□	121	なまめかし	形	①若々しい ②上品だ
□	122	なやまし	形	（病気などで）気分が悪い
□	123	なやむ	動	病気になる
□	124	ならふ（慣らふ、馴らふ）	動	①慣れる ②なじむ
□	125	**にほふ（匂ふ）**	動	①美しく映える ②香る
□	126	**ねんごろなり（懇ろなり）**	形動	①心を込めて丁寧だ ②熱心だ ③親密だ

チェック		単語	品詞	訳
□	127	ねんず（念ず）	動	①我慢する ②祈る
□	128	ののしる	動	①大声で騒ぐ ②評判になる
□	129	はかなくなる	慣	死ぬ
□	130	**はしたなし**	形	①中途半端だ ②きまりが悪い ③みっともない
□	131	はづかし（恥づかし）	形	（こちらが恥ずかしくなるほど）立派だ
□	132	**びんなし（便無し）**	形	不都合だ
□	133	ふみ（文）	名	①手紙 ②漢詩、漢籍
□	134	ほい（本意）	名	①かねてからの望み ②出家の願い
□	135	ほいなし（本意無し）	形	残念だ
□	136	ほだし（絆）	名	①妨げになるもの ②出家の妨げになるもの、家族
□	137	**まうく（設く）**	動	準備する、用意する
□	138	**まめなり**	形動	①誠実だ、まじめだ ②実用的だ
□	139	**まめまめし**	形	①誠実だ、まじめだ ②実用的だ
□	140	まもる、まぼる	動	見守る
□	141	みぐしおろす（御髪おろす）	慣	出家剃髪する
□	142	みる（見る）	動	男女が結ばれる、結婚する
□	143	**むくつけし**	形	気味が悪い
□	144	**むつかる**	動	①不快に思う ②腹を立てる

チェック		単語	品詞	訳
□	145	むなしくなる	慣	死ぬ
□	146	むべ、うべ	副	なるほど
□	147	**めざまし**	形	①気にくわない ②素晴らしい
□	148	めづ	動	①感嘆する ②気に入る
□	149	めづらし	形	素晴らしい
□	150	めでたし	形	素晴らしい
□	151	**もてなす**	動	①扱う ②振る舞う
□	152	ものし	形	不快だ
□	153	ものす（物す）	動	する
□	154	やうやう	副	次第に、だんだんと
□	155	やがて	副	①（状態が）そのまま ②（時間が）すぐに
□	156	やさし	形	①優雅だ ②けなげだ、殊勝だ
□	157	やつす	動	①目立たない服装にする ②出家する
□	158	やむごとなし	形	①高貴だ ②並々ではない
□	159	やをら、やはら	副	そっと、静かに
□	160	ゆかし	形	見たい、聞きたい、知りたい、心ひかれる
□	161	ゆめ・ゆめゆめ〜禁止／打消	副	①決して〜するな ②まったく〜ない
□	162	ゆゆし	形	①不吉だ ②素晴らしい ③（連用形で）はなはだしく
□	163	**よしなし（由無し）**	形	①つまらない ②関係がない
□	164	よに〜打消	副	まったく〜ない
□	165	よも〜じ	副	まさか〜ないだろう
□	166	よをすつ（世を捨つ）	慣	出家する
□	167	よをそむく（世を背く）	慣	出家する
□	168	よろし	形	悪くはない、普通だ
□	169	らうたし	形	①かわいらしい ②いじらしい
□	170	わたる（渡る）	動	①通る、行く ②〜し続ける ③一面に〜する
□	171	わづらふ	動	①病気になる ②〜しかねる
□	172	**わびし（侘びし）**	形	つらい、やりきれない
□	173	わぶ（侘ぶ）	動	①嘆く ②困る ③〜しかねる
□	174	**わりなし**	形	①無理だ ②どうしようもない ③つらい ④（連用形で）ひどく
□	175	わろし	形	よくない
□	176	をかし	形	①美しい、かわいらしい、風流だ ②おかしい
□	177	をさをさ〜打消	副	ほとんど〜ない
□	178	をさをさし（長長し）	形	①しっかりしている ②大人びている

センター必修「敬語動詞」

チェック	尊敬語	訳
□ 1	おはす、おはします	①いらっしゃる ②～なさる、お～になる
□ 2	おぼす、おぼしめす	お思いになる
□ 3	おほす（仰す）、おほせらる（仰せらる）	おっしゃる
□ 4	おほとのごもる（大殿籠る）	おやすみになる
□ 5	きこしめす（聞こし召す）	①お聞きになる ②召し上がる
□ 6	たてまつる（奉る）	①お召しになる ②お乗りになる ③召し上がる ＊謙譲語もあるので注意
□ 7	たまはす（給はす）	お与えになる、くださる
□ 8	たまふ（給ふ）	①お与えになる、くださる ②お～になる ＊四段活用
□ 9	まゐる（参る）	召し上がる ＊謙譲語もあるので注意
□ 10	めす（召す）	①お呼びになる ②お取り寄せになる ③お召しになる ④お乗りになる ⑤召し上がる
□ 11	のたまふ、のたまはす	おっしゃる

チェック	丁寧語	意味
□ 1	さぶらふ、さうらふ（候ふ）	①あります、ございます ②～です、～ます ＊謙譲語もあるので注意
□ 2	はべり（侍り）	①あります、ございます ②～です、～ます ＊謙譲語もあるので注意

チェック	謙譲語	訳
□ 1	うけたまはる（承る）	①お受けする ②お聞きする、うかがう
□ 2	きこゆ（聞こゆ）	①申し上げる ②～申し上げる
□ 3	けいす（啓す）	（中宮・東宮に）申し上げる
□ 4	さぶらふ、さうらふ（候ふ）	お仕えする、おそばに控える ＊丁寧語もあるので注意
□ 5	そうす（奏す）	（天皇・上皇に）申し上げる
□ 6	たてまつる（奉る）	①差し上げる ②～申し上げる ＊尊敬語もあるので注意
□ 7	たまはる（賜る）	いただく
□ 8	たまふ（給ふ）	～です、～ます ＊下二段活用
□ 9	つかうまつる（仕うまつる）	①お仕え申し上げる ②～申し上げる
□ 10	はべり（侍り）	お仕えする、おそばに控える ＊丁寧語もあるので注意
□ 11	まうす（申す）	①申し上げる ②～申し上げる
□ 12	まうづ（詣づ）	参上する、参詣する
□ 13	まかづ	退出する
□ 14	まかる	①退出する ②（「まかり＋動詞」）～ます
□ 15	まゐらす（参らす）	①差し上げる ②～申し上げる
□ 16	まゐる（参る）	①参上する、参詣する ②差し上げる ③して差し上げる ＊尊敬語もあるので注意

センター必修「掛詞」

チェック	掛詞	意味
□ 1	あかし	「明石」「明かし」
□ 2	あき	「秋」「飽き」
□ 3	あふ	「逢ふ」「逢坂」など
□ 4	うき	「浮き」「憂き」
□ 5	うら	「浦」「裏」「心《うら》」
□ 6	かる	「枯る」「離《か》る」
□ 7	きく	「聞く」「菊」
□ 8	ひ	「恋ひ」「思ひ」「火」「日」
□ 9	ながめ	「長雨」「眺め」
□ 10	なかる	「流る」「泣かる」
□ 11	なき	「無き」「泣き」「鳴き」
□ 12	なみ	「波」「無み（＝無いので）」「涙」
□ 13	ふる	「降る」「振る」「古る」「経る」
□ 14	ふみ	「踏み」「文」
□ 15	まつ	「松」「待つ」

センター必修「枕詞」

チェック	枕詞	導かれる語
□ 1	あしひきの	山・峰
□ 2	あらたまの	年・月・日
□ 3	あをによし	奈良
□ 4	うつせみの	命
□ 5	くさまくら	旅
□ 6	たらちねの	母・親
□ 7	ちはやぶる	神
□ 8	ぬばたまの	黒・夜・闇
□ 9	ひさかたの	天《あめ》・空・光
□ 10	ももしきの	大宮（＝宮中）

センター必修文法【補足編】

★主要なものは【2時間目】に掲載してあるよ。

「ぬ」「ね」の識別

① 未然形＋ぬ・ね ➡ 打消の助動詞「ず」
② 連用形＋ぬ・ね ➡ 完了の助動詞「ぬ」
③ 死・往＋ぬ・ね ➡ ナ変動詞の活用語尾

＊上の語の未然形・連用形の区別がつかない場合は「ぬ」「ね」の活用形から判断する。
「ぬ」が連体形なら、打消「ず」の連体形
「ぬ」が終止形なら、完了「ぬ」の終止形
「ね」が已然形なら、打消「ず」の已然形
「ね」が命令形なら、完了「ぬ」の命令形

例
① ありし人をえこそ忘れね。（打消「ず」の已然形）
② 明けぬれば、帰り給ひぬ。（完了「ぬ」の終止形）
③ ちりばかりの物も残さず、みなもていぬ。（ナ変動詞の活用語尾）

「し」の識別

① サ変動詞「す」の連用形
② 連用形＋し ➡ 過去の助動詞「き」の連体形
③ 強意の副助詞「し」（省いても文意が通じる）
（＊サ変・カ変には未然形にも接続）

例
① 物語などして、（サ変動詞の連用形）
② 京より下りし時に、（過去「き」の連体形）
③ 一文字をだに知らぬ者しが、（強意の副助詞）

「らむ」の識別

① 終止形＋らむ ➡ 現在推量の助動詞「らむ」
（＊ラ変型には連体形に接続）
② エ段音＋らむ ➡ 完了・存続の助動詞「り」＋推量の助動詞「む」
③ その他＋らむ ➡ 活用語の未然形活用語尾＋推量の助動詞「む」

例
① 夜半にや君がひとり越ゆらむ（現在推量の「らむ」）
② 生けらむうちにぞ譲るべき。（完了・存続の「り」＋婉曲の「む」）
③ 恋しからむ折々、取り出でて見給へ。（形容詞「恋し」の未然形活用語尾＋婉曲の「む」）

〔著者紹介〕

渡辺　剛啓（わたなべ　たけひろ）

駿台予備学校古文科講師。慶應義塾大学文学部卒。卒業後に私立高校で教えながら現役生対象の予備校の教壇に立った。できるまで徹底的に面倒を見る情熱と、熱意あふれる授業が多数の現役高校生に支持され、2年目から夏期・冬期の講習で締切講座を連発。実力派講師として鳴らした後、駿台予備学校に移籍。駿台では、鋭く要点を突いた丁寧かつ明快な講義が好評を博し、首都圏の校舎で高校1年生から高卒クラスの東大・医系コースまで指導するほか、衛星講座で全国の受験生に講義が配信されるなど幅広い支持を獲得。予備校業界屈指の名講師陣と謳われる駿台古文科において、新風を吹き込む新進気鋭の若手講師である。

知らない土地を旅することが趣味で、美しいカリブ海に魅せられ二度までも訪問したキューバに再々度訪問することを夢見ている。カツレツが大好物で、地元の店でミラノ風カツレツを食べるのが至福の時。

最短10時間で9割とれる　センター古文のスゴ技（検印省略）

2015年11月13日　第1刷発行
2016年9月30日　第3刷発行

著　者　渡辺　剛啓（わたなべ　たけひろ）
発行者　川金　正法

発　行　株式会社KADOKAWA
〒102-8177　東京都千代田区富士見2-13-3
03-3238-8521（カスタマーサポート）
http://www.kadokawa.co.jp/

落丁・乱丁本はご面倒でも、下記KADOKAWA読者係にお送りください。

送料は小社負担でお取り替えいたします。

古書店で購入したものについては、お取り替えできません。

電話049-259-1100（9：00～17：00／土日、祝日、年末年始を除く）

〒354-0041　埼玉県入間郡三芳町藤久保550-1

DTP／ニッタプリントサービス　印刷・製本／加藤文明社

ISBN978-4-04-601263-0　C7081